U0033745

吳忠信日記

（1945）

The Diaries of Wu Chung-hsin, 1945

民國日記 ｜ 總序

呂芳上
民國歷史文化學社社長

　　人是歷史的主體，人性是歷史的內涵。「人事有代謝，往來成古今」（孟浩然），瞭解活生生的「人」，才較能掌握歷史的真相；愈是貼近「人性」的思考，才愈能體會歷史的本質。近代歷史的特色之一是資料閎富而駁雜，由當事人主導、製作而形成的資料，以自傳、回憶錄、口述訪問、函札及日記最為重要，其中日記的完成最即時，描述較能顯現內在的幽微，最受史家重視。

　　日記本是個人記述每天所見聞、所感思、所作為有選擇的紀錄，雖不必能反映史事整體或各個部分的所有細節，但可以掌握史實發展的一定脈絡。尤其個人日記一方面透露個人單獨親歷之事，補足歷史原貌的闕漏；一方面個人隨時勢變化呈現出不同的心路歷程，對同一史事發為不同的看法和感受，往往會豐富了歷史內容。

　　中國從宋代以後，開始有更多的讀書人有寫日記的習慣，到近代更是蔚然成風，於是利用日記史料作歷

史研究成了近代史學的一大特色。本來不同的史料，各有不同的性質，日記記述形式不一，有的像流水帳，有的生動引人。日記的共同主要特質是自我（self）與私密（privacy），史家是史事的「局外人」，不只注意史實的追尋，更有興趣瞭解歷史如何被體驗和講述，這時對「局內人」所思、所行的掌握和體會，日記便成了十分關鍵的材料。傾聽歷史的聲音，重要的是能聽到「原音」，而非「變音」，日記應屬原音，故價值高。1970年代，在後現代理論影響下，檢驗史料的潛在偏見，成為時尚。論者以為即使親筆日記、函札，亦不必全屬真實。實者，日記記錄可能有偏差，一來自時代政治與社會的制約和氛圍，有清一代文網太密，使讀書人有口難言，或心中自我約束太過。顏李學派李塨死前日記每月後書寫「小心翼翼，俱以終始」八字，心所謂為危，這樣的日記記錄，難暢所欲言，可以想見。二來自人性的弱點，除了「記主」可能自我「美化拔高」之外，主觀、偏私、急功好利、現實等，有意無心的記述或失實、或迴避，例如「胡適日記」於關鍵時刻，不無避實就虛，語焉不詳之處；「閻錫山日記」滿口禮義道德，使用價值略幾近於零，難免令人失望。三來自旁人過度用心的整理、剪裁、甚至「消音」，如「陳誠日記」、「胡宗南日記」，均不免有斧鑿痕跡，不論立意多麼良善，都會是史學研究上難以彌補的損失。史料之於歷史研究，一如「盡信書不如無書」的話語，對證、勘比是個基本功。或謂使用材料多方查證，有如老吏斷獄、法官斷案，取證求其多，追根究柢求其細，庶幾還原

案貌，以證據下法理註腳，盡力讓歷史真相水落可石出。是故不同史料對同一史事，記述會有異同，同者互證，異者互勘，於是能逼近史實。而勘比、互證之中，以日記比證日記，或以他人日記，證人物所思所行，亦不失為一良法。

從日記的內容、特質看，研究日記的學者鄒振環，曾將日記概分為記事備忘、工作、學術考據、宗教人生、游歷探險、使行、志感抒情、文藝、戰難、科學、家庭婦女、學生、囚亡、外人在華日記等十四種。事實上，多半的日記是複合型的，柳貽徵說：「國史有日歷，私家有日記，一也。日歷詳一國之事，舉其大而略其細；日記則洪纖必包，無定格，而一身、一家、一地、一國之真史具焉，讀之視日歷有味，且有補於史學。」近代人物如胡適、吳宓、顧頡剛的大部頭日記，大約可被歸為「學人日記」，余英時翻讀《顧頡剛日記》後說，藉日記以窺測顧的內心世界，發現其事業心竟在求知慾上，1930 年代後，顧更接近的是流轉於學、政、商三界的「社會活動家」，在謹厚恂恂君子後邊，還擁有激盪以至浪漫的情感世界。於是活生生多面向的人，因此呈現出來，日記的作用可見。

晚清民國，相對於昔時，是日記留存、出版較多的時期，這可能與識字率提升、媒體、出版事業發達相關。過去日記的面世，撰著人多半是時代舞台上的要角，他們的言行、舉動，動見觀瞻，當然不容小覷。但，相對的芸芸眾生，識字或不識字的「小人物」們，在正史中往往是無名英雄，甚至於是「失蹤者」，他們

如何參與近代國家的構建，如何共同締造新社會，不應
該被埋沒、被忽略。近代中國中西交會、內外戰事頻
仍，傳統走向現代，社會矛盾叢生，如何豐富歷史內
涵，需要傾聽社會各階層的「原聲」來補足，更寬闊的
歷史視野，需要眾人的紀錄來拓展。開放檔案，公布公
家、私人資料，這是近代史學界的迫切期待，也是「民
國歷史文化學社」大力倡議出版日記叢書的緣由。

導言

王文隆
南開大學歷史學院副教授

一、吳忠信生平

吳忠信（1884-1959），字禮卿，一字守堅，別號恕庵，安徽合肥人。1900年八國聯軍攻陷北京，光緒帝與慈禧太后西逃，鑑於國難而前往江寧（南京）進入江南將弁學堂，時年僅十七。1905年夏天畢業後，奉派前往鎮江辦理徵兵，旋受命為陸軍第九鎮第三十五標第三營管帶，開始行伍生涯。隔年經楊卓林介紹，秘密加入同盟會。1911年武昌起義，全國響應。林述慶光復鎮江，自立為都督，任吳忠信為軍務部部長，後改委為江浙滬聯軍總司令部總執行法官兼兵站總監。

1912年元旦，孫中山就任中華民國臨時大總統，奠都南京，吳忠信任首都警察總監。孫中山辭職後，吳忠信轉至上海《民立報》供職，二次革命討袁時復任首都警察總監，失敗後亡命日本，加入孫中山重建的中華革命黨。並於1915年，在陳其美（字英士）帶領下，與蔣中正同往上海法國租界參預討袁戎機，奠下與蔣中正的深厚情誼。1917年，孫中山南下護法組織軍政府，吳忠信奉召前往擔任作戰科參謀，襄助作戰科主任蔣中正，兩人合作關係益臻緊密。爾後，吳忠信陸續擔任粵軍第二軍總指揮、桂林衛戍司令等職。1922年，

吳忠信作為孫中山的全權代表之一員，與段祺瑞、張作霖共商三方合作事宜。同年 4 月前往上海時，因腸胃病發作，辭去軍職，卜居蘇州。爾後數年皆以身體不適為辭，在家休養，與好友羅良鑑（字佶子）等人研究諸子百家。

1926 年 7 月，蔣中正就任國民革命軍總司令，誓師北伐，同年 11 月克復南昌後，邀請吳忠信出任總司令部顧問，其後歷任江蘇省政府委員、淞滬警察廳廳長、建設委員會委員、河北編遣委員會主任委員等職。1929 年，因國家需要建設，前往歐美考察十個月。1931 年 2 月奉派為導淮委員會委員，同月監察院成立，又任監察委員。1932 年 3 月受任為安徽省政府主席，次年 5 月辭職獲准後，轉任軍事委員會南昌行營總參議。1935 年 4 月擔任貴州省政府主席，次年 4 月因胃腸病復發加以兩廣事變，呈請辭職，奉調為蒙藏委員會委員長。自此主掌邊政八年，期間曾親赴西藏主持達賴喇嘛坐床、前往蘭州致祭成吉思汗陵，並視察寧夏、青海及新疆等邊疆各地。1944 年 9 月調任新疆省政府主席兼保安司令，對內以綏撫為主，對外應付蘇聯及三區（伊犁、塔城、阿山）革命問題，1946 年 3 月辭任後，任國民政府委員，並當選第一屆國民大會代表。

1948 年 4 月，蔣中正當選行憲後第一任中華民國總統，敦聘吳忠信為總統府資政，復於該年年底委為總統府秘書長。1949 年 1 月 21 日蔣中正引退後，吳忠信堅辭秘書長職務，僅保留資政一職。上海易手之前，吳忠信舉家遷往台灣，被推為中國國民黨中央非常委員會

委員，並任中國銀行董事、中央銀行常務理事。1953
年 7 月起，擔任中央紀律委員會主任委員。1959 年 10
月，吳忠信腹瀉不止，誤以為腸胃痼疾發作，未加重
視。不久病情加劇，乃送至榮民總醫院，診療結果為肝
硬化，醫藥罔效，於該年 12 月 16 日辭世。

二、《吳忠信日記》的史料價值

吳忠信自 1926 年任國民革命軍總司令部顧問時開
始撰寫日記，至1959 年辭世前為止，共有 34 年的日
記。其中 1937、1938 年日記存藏於香港，1941 年年
底日軍佔領香港時未及攜出而焚毀，因而有兩年闕佚
（1942.3.15《吳忠信日記》）。

《吳忠信日記》部分內容，例如《西藏紀遊》、
《西藏紀要》以及《吳忠信主新日記》曾先後出版，披
露其在 1933 年經英印入藏辦理達賴喇嘛坐床大典以及
1944 年出任新疆省政府主席之過程，其餘日記內容大
多未經公開。現在透過民國歷史文化學社的努力，將該
批日記現存部分，重新打字、校訂出版，以饗學界。這
批日記的出版，足以開拓民國史研究的新視角。

（一）蔣吳情誼

蔣中正與吳忠信的情誼在日記中處處可見。除眾所
周知的託其就近關照蔣緯國及姚冶誠一事外，蔣中正派
任吳忠信為地方首長的背後，也有藉信賴之人，安頓地
方、居間調處的考量。如吳忠信於 1935 年 4 月派為貴
州省政府主席，原以江南為實力基礎的南京國民政府，
得以將其力量延伸入西南，在當地推展教育與交通等基

礎建設，並透過吳忠信居間溝通協調南京與桂系關係，
從日記中經常記述與桂系來人談話可見一斑。而陳誠此
時以追剿為名，率中央軍進入貴州，在吳忠信與陳誠兩
人通力合作之下，加強中央對貴州的掌控，為未來抗戰
的後方準備奠立基礎。又如吳忠信於抗戰末期接掌新疆
省務，以中央委派之姿取代盛世才為新疆省政府主席，
一改「新疆王」盛世才當政時的高壓政策，採取懷柔態
度，釋放羈押的漢、維人士，並派員宣撫南疆，圖使新
疆親近中央，這都得是在蔣中正對吳忠信的高度信任
下，才能主導的。當蔣中正於 1949 年 1 月下野，李宗
仁代總統時，吳忠信居間穿梭蔣中正、李宗仁二人之
間，由是可見吳忠信在二人心中的特殊地位。直至蔣中
正於 1950 年 3 月 1 日「復行視事」，每個布局幾乎都
有吳忠信的角色存在。

（二）蒙藏邊政

　　吳忠信長年擔任蒙藏委員會主任委員，關於邊疆問
題的觀點與處置，也是《吳忠信日記》極具參考價值的
部分。吳忠信掌理蒙藏委員會，恰於全面抗戰爆發前至
抗戰末期，在邊政的處置上，期盼蒙、藏、維等邊疆少
數民族能在日敵當前的情況下，親近中央、維持穩定。
針對蒙藏，吳忠信各有安排，如將蒙古族珍視的成吉思
汗陵墓遷移蘭州，以免日敵利用此一象徵的用心。對於
藏政，則透過協助班禪移靈回藏（1937 年）、達賴坐
床大典（1940 年 2 月）等重要活動，維護中央權威，
避免西藏藉英國支持而逐漸脫離中央掌控。1940 年 5
月於拉薩設置蒙藏委員會駐藏辦事處是最成功的宣示，

力採「團結蒙古、安定西藏」的策略，穩定邊陲。吳忠信親身參與、接觸的人面廣泛，對於邊事的觀察與品評，值得讀者深思推敲。

（三）貫穿民國史的觀察

長達 34 年的《吳忠信日記》，貫穿了國民政府自北伐統一、訓政建國、抗日戰爭到國共內戰，以及政府遷台初期的幾個重要階段。透過吳忠信得以貼近觀察各階段的施政重心與處置辦法，以個人史或是生活史的角度，觀察黨政要員在這些動盪之中的處境、心境與動態。更能搭配其他同樣經歷人士的紀錄，相互佐證。

三、日記所見的個人特質

日記撰述，能見記主公私生活，從中探知其性格與思維，就日記的內容來分析，或許能得知吳忠信的個人特質。

（一）愛家重情

吳忠信的愛家與重情，有兩個層面，一是對於家族的關懷，一是對於鄉誼、政誼的看重。家人一直都是他的牽絆與記掛，他與正室王惟仁於 1906 年結婚，卻膝下無子。在惟仁的寬宏下，年四十迎娶側室湘君，1926年初得長女馴叔，嘗到為人父的喜悅。爾後湘君又生長子申叔，使得吳家有後，但沒過多久，湘君竟因肺炎撒手人寰，年方二十五，使得吳忠信數日皆傷心欲絕，在日記中曾寫道：「自伊去後，時刻難忘。每一念及，不知所從。」（1932.12.31《吳忠信日記》）爾後吳忠信經常前往湘君墳上流連，一解思念之情。湘君故後，吳

忠信又迎娶麗君（後改名麗安），生了庸叔、光叔兩子。不過吳忠信與麗安感情不睦，經常爭執，在日記中多次記下此事的煩擾。吳忠信重視子女教育，抗戰勝利後，馴叔赴美求學，嫁給同樣赴美、專攻數量經濟學的林少宮，生下了外孫，讓吳忠信相當高興。1954 年，或因聽聞林少宮將攜家帶眷離美赴大陸，吳忠信並不贊成，不斷去函馴叔勸其留在美國，如果一定要離開，也務必來台。同年 8 月 6 日，吳忠信獲悉馴叔一家已經離開美國，不知所蹤，從此以後，日記鮮少提到這個疼愛的女兒。這一年年末在日記的總結寫道：「最煩神是子女問題，尤其家事真是一言難盡。」表現出心中的苦悶。

吳忠信相當看重安徽同鄉，安徽從政前輩中最敬重的要屬北京政府國務總理段祺瑞，兩人政治立場並不相容，但鄉誼仍重。吳忠信自段祺瑞移居上海後，經常從蘇州前往探望，段祺瑞身故時，也親往弔祭。對於同鄉後進，無論是在政界或是學界，多所關照，願意接見、培養或是推介，因此深為鄉里所敬重。如 1939 年在段祺瑞女婿奚東曙的引介下，會晤出身安徽舒城的孫立人，在當天的日記中寫道：「〔孫立人〕清華大學畢業後，赴美國學陸軍，八一三上海抗日之後，身負重傷，勇敢可佩。此人頭腦清楚，知識豐富，本省後起之秀。」（1939.9.28《吳忠信日記》）頗為欣賞。或許是命運的作弄，當 1955 年爆發郭廷亮匪諜案時，吳忠信恰為九人調查委員會的一員，於公不能不辦，但於私仍同情孫立人的處境，認為他「一生戎馬，功在黨國，得

此結果，內心之苦痛，可以想見，我亦不願多言，是非曲直留待歷史批評」。

吳忠信同樣在乎的還有政誼，盡力多方關照共事的同事。如羅良鑑不僅是他生活的良伴，也是與他同任安徽省政府委員的至交，兩人都在蘇州購地造園，經常往來。爾後，吳忠信主政安徽省、貴州省與蒙藏委員會時，羅良鑑都是他的左右手，離任蒙藏委員會時，更推薦羅良鑑繼任。1948 年 12 月 21 日，羅良鑑夫婦自上海前往香港，飛機失事罹難，隔年骨灰歸葬蘇州。吳忠信在蔣、李兩方居間穿梭繁忙之際，特地回到蘇州參加喪禮，深為數十年好友之失而悲痛，可看出吳忠信個人重情、真誠的一面。

（二）做人做事有志氣有宗旨

吳忠信曾經在 1939 年元旦的自勉中，自述「余以為做人做事，必有志氣，有宗旨，然後盡力以赴，始可有成。」另亦述及「自入同盟會、中華革命黨而迄于今，未敢稍渝此旨。至以處人論，則一秉真誠，不事欺飾，對於人我分際之間，亦嘗三致意焉。」這是他向來自持的。就與蔣中正的關係而論，自詡亦掌握此一原則，他在同日又記下：「余與蔣相處，民十五後可分三個階段，由十六年起至十八春出洋止，以革命黨同志精神處之；由十九年遊歐美歸國起至二十一年任安徽省主席以前止，則以朋友方式處之；由安徽主席起以至于今，則以部屬方式處之。比年服務中樞，余于本身職掌外，少所建議，于少數交遊外，少所往還，良以分際既殊，其相處之標準，不可不因之而異也。余在過去十二

年來，因持有上述之宗旨與標準，故對國事，如在滬、在平、在皖、在黔及目前之在蒙藏委員會，均能振刷調整，略有建樹，絲毫未之貽誤；對友人如過去之與蔣，雖交誼深厚，然他人則與之誤會叢生，而余仍能保持此種良好關係，感情日有增進，而毫無芥蒂。……即無論國家之情勢若何，當一本過去，對國竭其忠、對友竭其力，如此而已。概括言之：即「救國」、「助友」兩大方針是也。」

由此可知，在吳忠信待人之原則，必先確認兩人之關係，進而以身分為斷，調整相待之禮。他長時間服務公職，練就出一套為公不私的原則，經常在日記中自記用人、薦人之大公無私，此亦為其「救國」、「助友」之顯現，常以「天理、國法、人情」與來者共勉。

四、結語

吳忠信於公歷任軍政要職，於私是家族中的支柱。公私奔忙之餘，園藝之樂，或許才是他的最愛。他常在一手規劃的蘇州庭園裡，親自修剪、壅土，手植的紫藤、楓樹、柳樹、紅梅、白梅等在園中，隨著季節的變化而映放姿彩，園林美景是他內心的慰藉。吳忠信1949 年回蘇州參加羅良鑑夫婦葬禮後，短暫地回到自宅園林，感嘆地寫道：「園中紅梅業已開散，白梅尚在開放，香味怡人。果能時局平定，余能常住此園以養殘年，余願足矣。」（1949.2.21《吳忠信日記》）可惜，這是他最後一次回到蘇州，之後再無重返機會，願與天違。

　　這份與民國史事有補闕作用的《吳忠信日記》並非全出於其個人手筆，部分內容為下屬或親屬經其口述謄寫而成。1940年，他就提到：「余自入藏以來，身體時常不適，且事務紛繁，日記不時中斷，故託纕蘅兄代記，國書姪代繕。」（1940.1.23《吳忠信日記》）且在記述中，也有於當日日記之末，囑咐某一段落應增添某公文，或是某電文的文字，或可見其在撰述日記之時，便有日後公諸於世的預想。或許是如此，吳忠信在撰寫日記時，不乏為自己的行動辯白，或是對他人、事件之品評有所保留的情況，此或許是利用此份日記時須加以留意的地方。

編輯凡例

一、 本社出版吳忠信日記，起自 1926 年，終至 1959
年，共 34 年。其中 1926 年日記為當年簡記，兼
錄 1951 年補述版本；1937 年至 1938 年於太平洋
戰爭爆發後，其家人逃離香港時焚毀，僅有補述
版本。

二、 古字、罕用字、簡字、通同字，在不影響文意
下，改以現行字標示。

三、 日記中原留空白部分，以□表示；難以辨識字
體，以■表示。編註以【 】標示。

四、 吳忠信於書寫時，人名、地名、譯名多有使用同
音異字、近音字，恕不一一標註、修改。但有少
數人名不屬此類，為當事人改名者，如麗君改名
麗安、曾小魯改名曾少魯等情形，特此說明。

附圖

抗戰末期西北地區勢力範圍圖

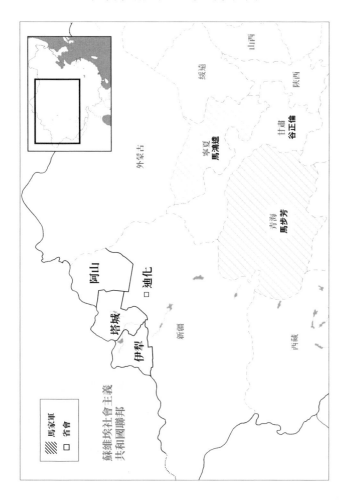

新疆簡圖

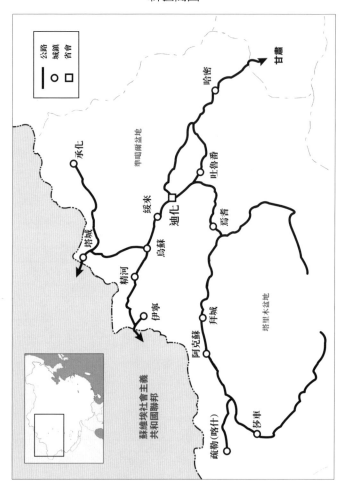

目錄

1945 年（民國 34 年） 62 歲

1 月 1 日　星期一

　　上午八時半李總司令鐵軍親率徐師長汝誠等中上級軍官廿餘人來賀年，各廳處長亦先後來賀年。十時黨政軍及團體科長以上人員五百餘人，集中西大樓大禮堂，余與朱長官等一同出席。先至室外向東遙拜國父陵墓，再至禮堂舉行元旦典禮，余報告本年對國家之希望及本省施政方針，並舉行團拜，典禮完成。十一時新疆十四種宗族文化會代表廿餘人來賀年，該代表等多半是被押由余開釋者，特將出獄數十人親筆簽名面呈，以資記念，表示感謝。晚六時起在西大樓舉行黨政軍晚會，計到千人，有學生歌舞及西藏巡禮影片、京劇等等，情緒甚為熱烈。查巡禮影片係余廿八、九年入藏辦理達賴坐床典禮所攝，回想廿九年元旦，余正在江孜。

卅四年工作之預計

　　新疆距內地邊遠，歷史上易亂而難治。自民國以來，變亂無常，或三年一小亂、五年一大亂，尤以近十年來人民更加痛苦，其生命財產之犧牲無法可以統計。死者冤沉海底，生者時在恐怖憂慮之中，悲慘之情況，非筆墨可以形容者也。余昨年到新，首先宣佈以安定地方，並以天理、人情、國法為治新之唯一之方針，人民萬分同情。又經三個月來，釋放人民一千餘人（尚有未釋放者甚多，仍當繼續開放），多是各族之優秀，並經分別訓話、分別招待，宣佈民族平等、信教自由之真義，人民之感動與信仰，又非筆墨可以形容者也。如對

蘇聯外交有相當辦法，則土匪易于肅清，新疆前途方可樂觀。現在新疆人民望治之心甚切，求安之心甚急，正與我安定政策相吻合，于即本此政策，于卅四年度最低限度應辦之事件：

一、要用種種方法謀地方之安定。

二、減少人民負擔。

三、六月一日召集省參議會第一次大會。

四、調整警察及土產公司，因人民在政治上最恐怖是警察，在經濟上最反對是土產公司。

五、視察南、北疆，安撫地方。

六、新疆地大，鞭長莫及，往往顧此失彼，擬于本年完成分省計劃。

1月2日　星期二

伊犁名城自上年十一月七日土匪暴動，我軍退守該城東北高地之飛機場、貴王廟一帶，匪雖多次猛攻，均被擊退。上月卅一日起，復向我陣地砲轟，掩護匪軍向我猛撲，至元旦晨三時，被我擊退，敵遺屍二百具。現我軍食糧已盡，開始食馬，而匪軍火力日漸加強，我軍因天氣與交通之關係，增援遲緩。倘伊城之圍不能解，待至五、六月間，天氣溫和，冰雪溶化，則新疆土匪之蔓延更難收拾也。午十二時招待蒙藏訓練班同學王德淦等八人，及本會隨同來新小魯、昆田同仁等十人，余對各同學加以勉勵。接見阿不都克買合都木，此人□什維族，七十八歲，最負聲望者，因案被押，經余開釋，准其回籍，特來辭行，余送旅費、禮品。接見迪化東西溝

及南山來省塔塔爾族代表加里、哈族代表哈里牙孜、達
坂城保長奴爾沙黑等十二人。彼等素來不敢進城，今自
動來見，其相信政府可以想見矣。

1 月 3 日　星期三

張委員宣澤清晨來談伊犁匪勢日益猖獗，在伊城附
近之我軍日益危急，就一般形勢觀之，似可調青海騎兵
來新疆，以一師駐南疆，一師駐北疆。余曰只要中央許
可，朱長官決心，余可先問馬主席意見，然後下令。
最好動員兩師制騎兵一軍，軍部設敦煌，先調一師至南
疆，若分駐南、北疆，似有未妥也。總而言之，新疆問
題在外不在內，如對外有辦法，一切問題迎刃而解也。
午後接見徐師長汝誠，新由奇台防地來省。又接見王團
長克己，少年有為。郭副師長歧，郭是葉成師所部，葉
師向駐河西張掖，已開始向新疆開動，中央軍在新原有
三師，因不敷分佈，故調葉師。又接見市商會崔善祥等
三十餘人。

1 月 4 日　星期四

晨招財廳彭廳長、省府曾秘書長討論新省財政措
施。彭認為新省紙幣準備金充足，將來可以所存之黃金
及土產公司存貨與中央法幣等三項，逐漸收回新幣，即
將新省財政狀況及應興革諸點函告新財政廳長盧郁文參
考。十一時約本省新、舊省黨委黃如金、張志智、林伯
雅、童世荃、金紹先、孫浮生、高伯玉、周昆田、徐觀
餘、王立亭開坐談會，商討黨務工作計劃，如業務推

進、人事調整及經費之規定等項，並留午餐。因黃、張、林、童四同志即將回渝，順為餞行。下午三時散會。三時半接見將赴阿山從事宣撫工作之哈族頭目艾林郡王等卅八人，予以茶點招待，並訓話，各頭目情緒甚為熱烈。新省黨部委員謝永存今日乘機到迪，當即來見，帶來方叔等函數件。方叔已于去年十二月卅一日安抵蘭州。外交部卜司長道明、劉特派員澤榮將于明晨乘機飛渝，晚間特來辭行。卜到迪化對蘇外交無進步，蓋中蘇外交重心不在迪化，乃在重慶、莫斯科，不在經濟，乃在政治。

1月5日　星期五

晨十時省府會議，決議要案數件：

一、撤銷非法之特種刑事法庭。

二、財廳副廳長蔣嘯洲因貪汙撤職查辦。

三、任命鮑爾漢為民廳副廳長、穆華西承化縣長、哈德軒青河縣長、滿楚克扎布焉耆副專員、庫科乃台吉為吉木乃副縣長、巴第為哈巴河副縣長。此種任用大批其他宗族從來未有，可表示我大公無私。

午十二時宴請自都善晉省之省府顧問馬廷襄（漢回大地主）、大阿洪買提牙孜、阿不都拉。喬嘉甫親王、塔城專員平戎等定明日赴塔城，午後前來請訓，余備至勉勗。午後四時空軍副司令徐煥昇來會，承告中央將派飛機三隊駐新，此項佈置須三個月方可完成，如此情形，不能救伊犁之急何。晚間歡宴李總司令等軍官十數人，李日內赴精河督剿伊匪。

1 月 6 日　星期六

本省糧食在平時尚可敷用,蓋自阿山匪亂,以至伊犁產糧區之失陷,又加中央四個師來新,因此糧食大感不敷,尤以軍運浩繁,糧運大受影響。特于上午九時半約有關交通、糧食負責人員廿餘人開坐談會,至下午四時散會。其結果:

(一)北疆糧食接濟軍食。

(二)哈密以東軍糧由甘肅接濟。

(三)運南疆糧接濟公教人員及民食,並在南疆分設運糧站。惟焉耆至托克遜中間一段缺水,驢馬難行,擬將此段改為汽車接運。

(四)修理破舊汽車,並派車到葉城運車胎,派員到重慶買汽車零件。

(五)組織運小組會議,以鄧廳長為召集人。

果能如在治安,又能實行會議之決議,則糧食可無問題。

1 月 7 日　星期日

上午十時到西門外老滿城附近視察明園。該園為前省府秘書長邱宗濬公館,佔地甚廣,屋宇新穎,樹木夾道,景頗清幽。邱離迪前,以新幣二百萬元讓與省府。午時抵頭屯河農具製造廠,就是蘇聯變像配裝及修理飛機之所,規模宏大,如今人去樓空。三時回城。訪朱長官,因得伊寧駐軍電告,連日匪徒猛攻,今日更甚,連長死三、傷四人,彭團長亦傷,我陣地數處被突破,正作最後掙扎,糧盡彈絕,危在旦夕。余以為堅守兩月,

軍人責任已盡，當與朱長官聯名電總裁曰，現在新疆軍
事已至嚴重階段，其成敗在後方勤務與對蘇外交，請速
派後方勤務部俞部長來新面商一切，短期間回渝報告云
云。敵乘馬，我步行，相形見拙，只有在公路上用汽車
稍補不及。蓋在新軍事只要糧彈不缺，則雖遇困難，亦
易解決也。

1月8日　星期一

警務處副處長富寶廉隨盛前主席辦理各種特別案
件，冤死者不知幾許，雖是奉命而行，難免過當之處，
亦有應得之罪。今擬辭職內返，擬予照准，以示寬厚。
中國航空公司總經理李吉辰午後來見，伊昨日到此，擬
明日返渝。據云美國將在中國海岸登陸。

1月9日　星期二

中央常會決議本年五月五日召開第六次全國代表大
會，以討論召開國民大會為中心。組織省參議會籌備委
員會，以鄧廳長為主任委員，積極籌備，以期六月一日
召開大會。接見隨同高專員前往阿山工作同志，經一小
時談話。美國飛機不斷炸日本，最多一次已增至四百
架，今後仍日日加多。回想往年慘炸我國，亦因果之
報也。

1月10日　星期三

午在新大樓設宴，為派赴精河宣撫別動隊人員餞
行，到呂樂甫大喇嘛、艾林木江千戶長、加滿格拉千戶

長及領隊鍾憲民等卅餘人。余致訓詞，艾林木江等答
詞，午後三時許始盡歡而散。演詞甚長，另有記載。

1月11日　星期四

　　晨雪，十時美華瑞德過訪，暢談新疆剿匪軍事與政
治現狀，午時始辭去，並暢談心理學。午後二時召集新
委哈族四縣長談話，即承化縣長穆華西、青河縣長哈德
軒、吉木乃副縣長庫克乃台吉、哈巴河副縣長巴第台
吉。余謂目前阿山匪首烏思曼處境困難，匪眾內部分
化，心理動搖，均願回返游牧，故此時前往招撫，時機
甚佳云云。穆縣長等亦承認此時希望甚鉅，萬一烏思滿
仍執迷不悟，當組織哈民一攻而破之。得總裁復電，即
派俞部長樵峯十二日飛迪，當囑副官處布置南花園，作
為俞下榻之所。晚間召開省府小組會議，研究將土產公
司改為貿易公司，組織理監事會，羅致各宗族人士參
加，以示大公。將來並擬將建設廳及銀行附屬各工廠予
以合併，定名為實業公司。又研究其他問題，至十二時
散會。

1月12日　星期五

　　上午與朱長官談話，準備俞部長到迪後討論資料，
如彈藥、交通、糧食、被服等等重要問題。俞已飛抵蘭
州，擬稍耽擱，大約十四日可到迪。美軍已在呂宋島仁
牙因灣登陸，從前日本亦在此灣登陸，美攻克馬尼剌首
府自在意中。日寇大受威脅，東京各報紙大放悲鳴，認
為其危局將定日本本身之性命，日本全國正處于其命運

之十字路口等等嚴重言詞。查呂宋距日本九洲一千一百
英里，距台灣二百英里，為菲島之戰略中心，美日將展
開主力戰。

1月13日　星期六

　　精河副縣長達喜郡王係蒙族領袖，為判匪裹脅，不
知所往，精河蒙胞約二千，有動搖之勢等情。余鑒茲事
影響甚大，除請呂樂甫大喇嘛等及早啟程宣撫外，並派
宣撫會處長趙劍峰隨同前往，同時囑趙處長代表本人
向烏蘇、四棵樹等處民眾切致慰，以期安定民心，鞏固
後方。午後四時半接見趙鐵鳴君。趙係盛前主席四十年
老友，知盛最深，奉約來新，兩度被押，頃始獲釋。趙
謂盛學生時代善詐欺、無信用，而野心特大，主新十餘
年，趙迭諫勸，奈劣根性深，遷善無由，趙目之為共產
黨之無賴。今後在中央之步驟，將不出送禮、行賄、拉
組織、行刺、潛逃五途，中央對盛誠宜嚴密注意也。

1月14日　星期日

　　俞部部昨日到蘭州，明日可到迪化。藝文研究會午
後一時在西大樓開成立大會，余參加致辭。其大意藝文
就是文化，有人類就有文化，應從古至今，從今至古，
往返研究，新舊同時研究，可以說今日是新的，明日即
變舊，明日是舊的，後日又變新。孔子曰：「溫故而知
新。」又書經曰：「湯之盤銘曰，苟日新，日日新。」
就是新舊不可分之意也。中國文化多是漸進的，溫和
的，很少有突變的，大家要從客觀方面研究，一定可以

成功，如從主觀方面研究，很難收效云云。

1 月 15 日至 20 日　星期一至六
記俞部長樵峯來迪

　　一月十五日下午三時許，俞部長樵峯偕同財政部錢幣司戴司長銘禮、糧食部分配司楊司長銳靈、西北公路局何局長競武、新任新疆財政廳盧廳長郁文等飛抵迪化，余與朱長官等均到機場歡迎。俞部長下榻新大樓。

　　一月十六日至十九日，此四日間，在新大樓迭開座談會，研討新省交通、財政及糧食各項問題之解決辦法。交通方面，俞部長表示在此六個月內，不能希望中央撥補車輛。財政方面，擬照統一收支辦法，由中央統籌辦理，增加物資與法幣之輸入，以期逐步收回新幣，取消各地匯兌限制，並減低匯率，統希戴司長轉達財部注意。糧食方面，決定軍糧悉數由甘肅供給殊不可能，新省軍糧不足者，仍應設法再增購一、二萬石云云。查依目前新疆匪患影響及交通困難，增購軍糧，誠緣木而求魚。

　　綜觀以上各點，俞之此來，對於新疆之補助，可謂毫無結果。查新省交通、糧食、財政、宣撫各項問題，無不關係運輸解決，運輸問題即在交通工具。俞部長此行既不增撥一車，復謂糧食無甚問題，郵航機之恢復亦未慨允。而目前新疆如非中央設法救濟，萬難度此難關，余等只有勉力支撐，期困難日少，一面仍請中央補助耳。一月二十日晨，俞部長等飛蘭轉渝。

1月21日　星期日

　　交通部伊印運輸處副處長陸振軒近由印押運車胎經新，橫越崑崙山，備嘗艱辛。日前來謁，見面僅五分鐘，因識渠為運輸專才，能吃苦，又曾在法國專攻機械歷十年之久，擬即留其在新擔任公路局長。曾經商得俞部長、何局長之贊同，陸本人亦表接受，今日已將命令發表。斯亦余量材錄用，無分畛域之一證也。張愛松君已抵迪，午後三時與之晤談，據告現在甘、寧、青諸省軍隊不多，河西尤感空虛。張此來已內定派為喀什區行政專員。

1月22日　星期一

　　晨與羅勘菜談話，余擬派羅代表前往南疆慰問各地駐軍，並酌贈衣食，以示激勵。午時鄧廳長報告，擬設一縣政幹部訓練班，集中訓練各族擅長國語之優秀青年，藉以儲備地方政治幹部人才。余甚為贊同，囑其速為籌劃一切。晚間在新大樓舉行談話會，關於肥皂廠貪汙案之處置與土產公司之改組，均付討論。蘭州文叔來電，略以緯國二月六日在西安結婚，蔣太太本月廿九日赴西安云云。

1月23日　星期二

　　午時接見乾德縣哈族代表阿衣台爾汗村長及熱合滿副村長。余表示希望哈族子弟多能入學讀書，勤習國語。該代表等答回，以往政府令哈族子弟入學讀書，結果只認得督辦，認不得父母矣。相互大笑。午後二時在

新大樓召開黨務談話會，討論黨務之推進。四時半，美
國領事華瑞德過訪，與談國際大勢，余強調中、美、英
三國須開誠合作，庶幾世界和平有望。晚間朱長官來
會，朱以伊寧形勢緊急見告，余提出新疆軍事方略八
字：「確保天山，鞏固河西」，而鞏固河西，則在如何
使甘、寧、青軍隊予以合理之運用。

1 月 24 日　星期三

　　晨在新大樓召集保安司令部新委出獄閒散軍官五十
餘人談話，余備致勉勗，並介紹大家入黨。

1 月 25 日　星期四

　　晨十時在新大樓召開交通談話會，決定調整交通運
輸機構及南疆運糧辦法，並與朱長官聯名電請中央速即
派員來新，整理猩猩峽至焉耆之公路。四時接見英領刁
茹樂，余謂中國近一、二十年來各方面均有長足進步，
世人不能以從前之眼光來看中國。英領甚以為是。七時
許接見歸化族索比諾夫。索年四十九，帝俄時畢業俄國
師範大學，俄國革命後逃入新省，加入中國籍已二十五
年矣。曾任迪化第二中學校長，為歸化族知識界領袖，
新近被押開釋，教廳委以督學之職。今午總裁自重慶與
朱長官通長途電話，略稱「調青海兩師部隊可照辦，即
由汝（朱長官）與禮卿兄洽定可也。」九時朱特來新大
樓以此事相商，余爰急電青海馬主席子香兄，請調騎兵
兩師入新，同為固邊而努力。卓民等來新工作人員一行
卅餘人，去年十一月十日趁車由渝啟程，今日午後安抵

迪化。

1月26日　星期五

晨省府委員會議決議要案數項：

（1）改善公務員待遇。

（2）土產公司改組為貿易公司，行理事制。余任理事
　　　長、盧廳長任副理事長，並設常務理事三人，由
　　　周委員、張委員、佘廳長兼任，其他理監事中，
　　　各族同胞均有參加。

午後二時約見于德一，即派為保安司令部軍法處長。三
時馬彥祥經理見告，接中央銀行總行電令，取消對蘭州
匯兌限制，並減低匯率。

1月27日　星期六

晨囑鄧廳長、佘廳長、周委員等三人會商南疆運糧
辦法，決定成立南疆運糧處，由趙劍鋒主之。午後分批
接見顧謙吉、宮世臣等二十餘人。顧原係建廳顧問，現
派為保安司令部獸醫處處長。宮係新土爾扈特親王，去
冬為叛匪裹脅，乘隙得脫，近奉召來省。余除飭妥為照
料外，並切致慰問之意。

1月28日　星期日

晨十時招紀專員鳳樓、曾專員勇甫及張專員愛松三
人談話，托以安定地方重責，並囑彼此互助合作云云。
焉耆滿漢王夫人烏靜彬將與紀專員同程回籍，料理旗
務，午後來新大樓辭行，余以藏香拾把贈之。驛運處長

顧耕野原定日內搭機赴渝，余以顧既東北籍人，亦幹練，懇予挽回，並派為社會處長，主辦救濟及被沒收財產之處理等工作。

1 月 29 日　星期一

午時赴英領刁茹樂宴，與英領、美領漫談國際問題及哲學道理，頗為歡洽。新疆省黨部書記長陳希豪今午飛抵迪化，三時抵新大樓晤談。四時與維、烏、哈各族青年二十餘人談話，暢論法律之重要性，勉勵各人協助政府，促進法治。朱長官電話告稱伊寧空教隊為叛匪攻佔，團長一員陣亡。查空教隊駐軍苦守陣地，將及三月，終以糧盡彈絕，後援不接，放棄陣地。然孤軍苦戰，其堅貞卓絕之精神，亦足稱矣。

1 月 30 日　星期二

關於青海軍入新事，今晨得青海馬主席復電贊同，惟提出三項請求：

（1）擬農曆四月開拔。

（2）請撥給兩師騎兵所需各種武器。

（3）中央擔任入新費用及沿途準備等情。

當與朱長官面商，報告總裁，並由余電復馬主席。新疆局勢之轉移，今余復作如下判斷：

（1）中蘇外交如好轉，對伊犁事件可以用一半軍事、一半政治解決之。

（2）中蘇外交如不能好轉，或蘇方表面敷衍而暗中策動，則全新紛亂。

（3）中央軍在伊犁失利後，蘇聯及各宗族對我軍威信
　　大減。

根據以上原因，應積極運糧、運彈，準備一切，應付本
年四、五月間之難關。

1月31日　星期三

　　警務處胡處長自昌吉、呼圖壁、綏來視察回來，今
晨來見。據云一般情形甚好，惟各宗族感情尚未融洽。
呼圖壁駐軍槍殺哈薩數百人，認為是匪，而當地居認為
是良民，因此感情更惡。余主張秉公嚴辦。午後見新
出獄人年歲漸老者（多六、七十歲人）十數人，有大阿
洪，有平民如工人等，有歸化俄人，招待茶點，並經一
時半之說話。所以如此謙恭者，皆因調洽各宗族耳。

2月1日　星期四

　　伊寧守軍昨日突圍，今晨已退至脫斯達坂南口，距我後援軍僅二十華里，現仍繼續搏戰中，領率突圍之杜副師長受傷。突圍守軍約千餘眾，其他婦孺老幼不克隨之退出，余心殊不安。至今伊犁雖全部淪陷，我人不能因之沮喪。今日余於電話中謂朱長官曰，目前對新戰略，除確保天山、鞏固河西外，復應矢志收復伊犁，預防外蒙，所幸人心向我，前途仍甚樂觀焉。新土產公司改組為貿易公司，今日召開成立大會，出席理監事等二十餘人。余致詞，略稱過去土產公司甚有基礎，但難免未盡善之處，今之改組，即求所以救以往之未盡善耳。

2月2日　星期五

　　上午十時出席省府會議，決議成立社會處，以顧畊野為處長，爾德尼、沈兆麟為副處長。又決議設立糧運總處，以張宏興為處長，並以張為財政廳副廳長。蓋張在新多年，熟習財政、經濟，此次由其擔任糧運事宜，擬積極運南疆之糧接濟北疆，究竟能否達到目的，惟在軍事與交通耳。午後接見沙芝祥君，此人在新數十年，做酒起家，早已小康，在盛前主席時代損失甚鉅。此人熱心公益，深信佛法，余特送藏書、茶葉、袍料等土產。

2月3日　星期六

　　午間便餐招待新吐爾扈特親王宮世臣、被押方釋之

阿克蘇大阿洪玉山音、阜康哈族代表哈吉巴拉村長吉英德、艾則里等五人，由鄧廳長等作陪。哈吉巴拉代表曾出入白沙窩及阿山等處匪區招撫，奈匪眾尚懷疑盛前督辦之離新，倘能證實盛已離新，省府已改組，及艾林郡王已出獄，即有幡然歸順之望。此事究應如何辦理，已囑鄧廳長議籌矣。一月二十八日，鄧廳長曾以漢哈糾紛，親往阜康調停，本月一日返抵迪垣。頃據鄧報告經過，並謂阜康漢族不良分子用恐嚇謀財手段，殺死無辜哈民九人，挑撥宗族仇視，實屬非法已極，業已將主謀漢民三人就地正法。據哈民稱漢族因殺死哈民而被處死刑者，向所未見也。

2月4日　星期日

迪化民眾教育館主辦之春節民眾溜冰大會，今日午前十一時起在西公園舉行。十二時許，余由教育廳許廳長陪同前往參觀，市民作壁上觀者不下萬人，余向參加比賽者略致訓勉。侯參謀長、謝師長等方自精河前方歸來，午後報告剿匪情形。藉悉我軍已棄伊寧各據點，前方士兵以天時地理影響，作戰殊為艱困，但士氣甚旺，均表決死之心。我軍曾一度進至距伊寧三十里，惜乎功敗垂成，謝師一團凍死、戰死，損失大半，並另有一營因誤入歧途，全營覆沒。現匪方軍事全由俄人指揮策劃，反攻殊非易易。精河將士等曾集會眾商，同認非速即充實空軍，不足挽回局面，並一致通過由余赴渝面陳總裁，速予接濟。余以赴渝尚非其時，擬先派於參謀長前往。

2 月 5 日　星期一

　　晨時新吐爾扈特大喇嘛客里布，由親王宮世臣帶領來謁。客大喇嘛原居三台，轄帳三百餘頂，去冬匪亂，三台淪陷，宮率蒙包七、八頂輾轉移居迪化縣屬頭屯河附近。相晤後，余備致慰藉，並贈藏香四把、茶磚一方。宣撫處長趙劍鋒與焉者盟長爾德尼由精河返迪，午時聽渠等報告宣撫詳情。據稱此次精河宣撫人員工作努力，收效頗宏，達喜郡王之回精，關係尤鉅，李總司令亦承認宣撫高於一切，囑趙處長等轉請增派得力人員深入伊寧宣撫。

2 月 6 日　星期二

　　西路宣撫別動隊艾林群王福晉今晨挈其幼子，暨阜康縣副縣長胡賽音等前來報告宣撫經過。福晉幼子相貌清秀，態度有方，余大為誇贊，並賜茶磚二方、新幣五千元以為見面之禮。新疆省政府顧問新霍碩特鎮國公達木鼎策德恩長居省垣，境狀蕭條，午時余特招其來見，切致慰問，並接濟新幣二萬元，俾作度歲之用，另送藏香二把、茶磚一方，達拜謝而別。午後二時召開省黨部委員會議，余於席間強調軍事重於一切，關於六中全會新疆代表之遴選，以本省省代表大會不及舉行，爰請示中央另籌辦理。晚間召集省府各廳委、處長等舉行座談會，決定組織南疆宣慰團，派佘廳長為團長，羅高級參謀勘棻為副團長，定期前往南疆各地，代表本人向軍政同志及全體民眾懇致慰問。

2月7日　星期三

　　審判團在迪瞬將三月，工作大體告一段落。今日余主任廷襄面稱，所有各案人犯，證據不足，擬除將主犯程東白、何耿光、宋念慈、張篤伖等數人解渝審詢宣判外，其餘人犯均予保釋，請余與朱長官聯電中央請示。午後三時向新近保釋之案犯卅餘人訓話，略以勿咎既往，努力將來，篤信本黨主義，繼續為建設新疆而努力云云。繼復招鄧廳長、許廳長及周委員等與之談話。查此卅餘案犯中，年齡均在卅上下，其原任職務或為騎兵團長，或為副行政長，或為學校校長，或為報社社長，並有學院學生及實驗劇團部長，統屬年富力強、優秀有為之士，堪為建設新疆之幹部人才。

2月8日　星期四

　　午時在新大樓西餐宴請迪化市商會執監委員，到常務主席崔善祥、常務委員任名武、董耀珊、常務監察委員韓筱圃及其他執監委等一十八人，由羅總經理、馬經理等作陪，賓主盡歡而散。午後三時接見新近開釋之達坂城東山鄉大西溝哈族區長沙哈瓦。沙原為副千戶長，四十年前攜哈族游牧移住東山，自稱畏懼共產，無論如何不願離開新疆。余贈以茶磚一方，新幣一萬元，以示慰勉。四時接見迪化南山白楊溝、小渠子、甘溝及功勝渠等處哈族鄉長滿地牙利、保長阿司然得、毛拉夏克爾等數人，予以茶點招待，並各送茶磚一方。該鄉長等面呈聯名簽呈一件，請求保釋在押之迪化、伊犁、塔城各區哈族同胞，共計一、二百人。余允查明核辦。近日國

際形勢，盟國順利，歐洲戰場柏林垂危，太平洋方面美
國軍隊攻克馬尼剌，聲威大震，其次一動向，或即在中
國海岸登陸，以完成對日水陸夾擊之勢。而中印公路亦
已通車，被閉三載，我國際運輸路線於焉重開，今後英
美援華物資將可源源而來，意義甚為重大。

2 月 9 日　星期五

　　晨省府八十一次例會，決議豁免稅收四項，下月一
日起實施，亦可以減輕人民負擔，培養民力耳。哈密專
員曾勇甫、阿克蘇專員喬根及喀什專員張愛松等將分別
履任，午時為彼等餞行，並邀朱長官參加。經擬定喬、
張兩專員日內用飛機分批送往阿克蘇，以資迅速。福海
魯團長等電告匪首馬那提抵福，除願將所屬匪眾歸順改
編為保安大隊外，並允招降窩斯滿，頗有把握云云。是
竄擾經年之阿山匪亂，或可從此平息，深以為慰。

2 月 10 日　星期六

　　午間教育廳歡宴迪化各文化總會歌舞演員，到百餘
人。余特往參加，並致詞，略謂各位所表演之歌舞及音
樂，與中國古代所傳者相彷彿，足證新疆與內地文化同
源，關係密切。蓋中國歷史，無論在漢、在唐、在明、
在清，新疆始終為中國領土之一部，未嘗間斷，此中國
悠久歷史與民族精神使然耳。今日中國抗戰八載，愈戰
愈強，日寇必敗，已無疑問，斯亦中國歷史與精神之表
顯。新疆同胞生活簡單確實，余素所欣羨，各位須保持
此項精神，更致力於身體學問之進步，將來抗戰結束，

交通便利，余當歡迎各位赴內地各處表演歌舞，並樂任
招待之責云云。昨由外交署馮主任秘書抄來外交部宋部
長電稱，蘇聯駐伊寧領事館及蘇新貿易公司人員已於二
月一日搭乘卡車撤退抵阿拉木圖，惟尚有領事等三人留
守該地等語。達喜郡王返精河縣後，近復有仍去南山之
意，誠恐再生意外，特於今日由便機送其來迪，暫住商
業銀行宿舍，由副官處妥為招待。

2月11日　星期日

　　上午十一時接見達喜郡王，此人甚忠厚，余告以來
往省城可以自由，達表示擬接其眷屬來省久住。我對伊
犁匪軍之判斷：

（1）因盟軍戰事勝利，我打通中印路，美克馬尼剌，
　　　將在中國海岸陸，某國因此對伊匪或放鬆，我可
　　　用剿撫解決之。

（2）某國援助犁匪，聯合阿山之匪南北夾攻我奇台、
　　　烏蘇、精河，奇襲南疆。

2月12日　星期一

　　上午十時朱長官來談，並出示軍事計劃。因阿山全
區缺糧，存糧只夠維持至四月，擬將富蘊、烏河一帶駐
軍全部撤回，僅留少數駐承化、福海，增強奇台、呼圖
壁、綏來、烏蘇之兵力，問余意見。余答曰阿山既缺
柴米，只好撤回駐軍，惟鎮西、哈密勢力必須增強。再
者，阿山係軍略要地，一旦有失，某國如願以償，而我
國防則危矣，況阿山區金、鎢等礦蘊藏豐富，何忍坐失

乎！午時接見昭蘇喇嘛毛力木，毛喇嘛年四十六，卅一
年十月被押，近始獲釋，據稱昭蘇有喇嘛四百餘人。公
路局長陸振軒頃接交通部次長龔學遂電囑赴渝一行，前
來請示。余為使中樞確悉此間交通困難情形起見，令陸
日內便機飛渝面陳一切，俾得援乎也。

2 月 13 日　星期二

　　今日為農曆卅四年元旦，早晨省府各廳委、處長等
前來新大樓賀年，陸續不絕。午時在新大樓便餐招待朱
長官與羅監察使，共談新疆軍事政治等情況。余曰目前
剿匪軍事雖欠順利，但一般態勢尚稱良好，只須交通與
後援有辦法，前途甚為樂觀，大家不必灰心，應繼續努
力也。午後四時半英領刁茹樂、美領華瑞德聯袂過訪，
藉示賀年之意，余款以糖果、香檳。余便告兩領曰，新
疆過去受創已深，各族人民無不渴求安定與和平，本人
履任之始，即致力於此點，奈伊犁事變猝起，令人措手
不及，能無痛哉，然區區此心，無日不在為安定與和平
計也。兩領曰，主席在此，決能達此目的。余曰尚望兩
領幫忙耳。約至六時許，始握別。

2 月 14 日　星期三

　　晨赴東花園與朱長官談話。朱長官昨奉總裁親筆
函，對剿匪軍事失利，責備備至，並令將失職將領撤職
查辦。余曰此次剿匪將士，固不免有失職貽誤之處，但
渠等在冰天雪地之惡劣情況下，確已盡其最大努力，援
軍不能及時抵伊接應者，天時地理束縛耳，非戰之罪

也。余願為此陳明總裁，俾邀諒解。至總裁堅囑撤退精河以西部隊一節，尚須考慮。精河以西險要山口甚多，遽予放棄，影響堪虞。十一時接見新近開釋之東北重要人士徐伯達（前伊犁專員）、郎道衡（前報社社長）、康明遠（前莎車專員）、王乃中（前市政委員會主任委員），四人同為盛前督辦遼寧開原小同鄉，均有學識能力，為十大博士之四。今日見面時，余特別提示中心思想之重要，凡有領導地位之人，尤須具備正確之思想，作社會青年之南針，否則徒恃迷信與衝動，禍己誤人，罪莫甚焉。午時在新大樓宴請新由精河抵省之達喜郡王及宮世臣親王、爾德尼副廳長、達木鼎策德恩鎮國公、毛立木喇嘛、駱宗札木楚喇嘛等蒙族領袖。席間余暢述達賴轉世經過及佛教真諦，末對新疆、蒙古之前途，備致殷切之期望。至三時許始散席。公路局局長陸振軒定明晨飛渝，晚間招與談話，指示一切。並草陳總裁一函，概述來新四月餘經過及所遇困難，由陸帶渝轉陳。

2月15日　星期四

晨十時接見阿克蘇區專員喬根、縣長林興智，囑其抵任後應注意各點，尤須精誠團結，勿鬧意見。午時宴請留迪哈族重要人物，到艾林郡王，福晉哈德萬，承化縣長穆華西之妹哈密爾，阜康副縣長胡賽音，奇台、木壘河、孚遠三縣大阿洪朱爾特拜，額敏至霍布克哈族大頭目木汗，宣撫隊領隊札克勤，及馬如龍、趙劍鋒。哈德萬與胡賽音各攜幼子赴席，欣喜之情，可以想見。羅、邱、史三巨頭會議在黑海區之里伐狄亞舉行一週，

本月十一日已圓滿結束。公報宣稱迫使德國無條件投降已得三國同意，將來德國投降後，其領土將由各國分治，並在柏林成立中央統治委員會，撤消納粹黨之一切組織，以防再度侵害世界，並定四月廿五日在舊金山召開聯合國會議云。

2 月 16 日　星期五

上午十時召開黨政聯席座談會，到省黨部書記長、各委員及省政府各廳委、處長等討論問題，為宣撫、宣慰、宣傳三點。首由鄧廳長報告北疆宣撫情形，繼由佘廳長報告宣慰計劃，孫委員報告宣傳工作概況。隨即由各人自由發言，對於宣撫、宣慰、宣傳之共同方針、青年思想、社會上一般人之意識、宗族間應如何調洽、赴南疆所將遇到之問題，以及不振作之漢人應如何處理，均各有詳盡闡述。最後指定陳書記長、鄧廳長、盧廳長、佘廳長、許廳長、孫委員、周委員等再加研討，將各人意見予以整理，俾編成一宣撫、宣慰、宣傳之共同綱要，以便施行，而期一致。余並謂，過去在新漢人，多屬違法充軍分子，今日經營新疆，任務艱鉅，需要優秀幹練之士源源入新，始足當此重任，凡老弱及無以為生之漢人，儘可使其內返。

2 月 17 日　星期六

今日令派鮑爾漢為第一區（迪化區）行政督察專員兼區保安司令，其原任民政廳副廳長遺缺派華聲慕（即馬如龍）接充。鮑係塔塔爾族知識分子領導人物，華為

維族青年幹練人才，政府量才錄用無分畛域之誠意，可見一斑，而迪化區專員之以非漢族人充當，是為創例。英吉沙維族青年阿國光，新疆軍校畢業，現任中央軍校第九分校指導員，擅國語，擬派赴喀什工作。今日來見時，余頗致勉勗。伊犁哈族唐加里克被押迪化五載有半，昨日始獲開釋，面稱「中國有二十八省，新疆為中國廿八省之一省，新省分十行政區，伊犁為新省十個行政區之一」。其意伊犁雖為叛變竊據，不足為慮也。

2月18日　星期日

晨十時召集最近開釋之案犯在新大樓聆訓。余訓詞中除剖切曉諭政府保護人民生命、財產及宗教自由、行動自由等至意外，望各人返里後各安所業，其願為政府服務者，當予位置。午時宴請尚在押中之柳、湯、崔、吳四師長，及前督署交通處長李朋、參謀處長張篤侁，席設監獄特別室，余對各人備致慰問。省黨部書記長陳希豪今日在新疆日報發表「怎樣來開展新疆黨務」一文，內有「本黨在新疆僅有兩年歷史」、「黨化新疆」、「吳主任委員主張今年本省最少要徵求三萬到五萬個黨員」等語，或則不符事實，訛誤百出，或則洩漏機密，激刺視聽，其不明事理、不識環境，一至于斯，良深痛心。

2月19日　星期一

伊犁匪焰日張，新疆局面益趨危急，余廁身此間，難安緘默。爰復電陳總裁呼籲，除請從外交及後方勤務

予以解決外，並坦率敷陳利害，有「倘使金甌有缺，則
于國家聲威、本黨榮譽，均有極大影響」諸語。晨接
見小拐歸化族代表德列炳、尼科萊夫基，及馬列恰諾夫
等三人，余面致宗族平等無所畛域之意，各代表等頗為
興奮。午時接見帝俄時代駐迪總領事迪迓闊夫。迪年已
七十，前清光緒廿八年即來我國，在庫倫俄領館任翻譯
官秘書，旋擢升為俄國駐迪總領。迨俄國革命，迪全家
被害，迪在新子然一身，改入中國歸化籍，為新疆歸化
族中最有歷史與聲望之人物。民國廿六年被捕入獄，近
始獲釋，在警務處工作。余憐其遭逢淒涼，切致慰藉。
午後召集行將回里之維族開釋人員四十餘人，在新大樓
談話，款以糖果、餅乾，懇切與談，歷兩小時半之久。

2 月 20 日　星期二

　　晨十時與顧耕野、劉興沛、趙劍鋒三人商談安置在
新之東北籍人士事項，余意東北同胞中頗多幹練人物，
擬量才錄用，共赴時艱也。午時宴請留迪空勤人員，到
劉司令、蔣總站長及駕駛員等九人。午後四時與派赴
各縣催糧人員十八人談話，告以三事：一、不擾民；
二、注意態度與言行；三、隨時從事宣撫、宣慰、宣
傳等工作。

2 月 21 日　星期三

　　晨十一時與迪迓闊夫談話，由鮑爾漢任翻釋，時間
歷一小時又半。余暢述孫總理和平、博愛及三民主義、
愛物惜物之義，繼引「有朋自遠方來」古語說明中華民

族向無排外心理，又謂日本必敗乃因果報應，亦不認
識中國民族特性使然。最後余表示改善新蘇外交關係之
誠意，願迪氏以其經驗與學識，有以教我云。午十二時
半在新大樓款宴迪迓闊夫、索科洛夫（迪化歸文總會主
委）及小拐歸化族代表德列炳、尼科萊夫基、馬列恰諾
夫等五人，由鮑專員爾漢、曾秘書長小魯、沈秘書兆麟
作陪。午後三時許始散。三時半接見前代理教育廳長李
一歐、公路局長趙樹勛、喀什副行政長張世安等十餘
人。李、趙、張三員先後被押獲釋，余除致慰外，並示
借重之意。五時與趙鐵鳴談話，趙再三請求余號召東北
人作我子弟兵，情極懇切。

2月22日　星期四

　　午時在新大樓宴請維、哈、柯各族同胞五十餘人，
其中大部分係被押開釋，行將回籍之南、北疆較有聲望
人士，一部分係近由呼圖壁晉省之哈族代表。余招曾秘
書長、張專員愛松、喬專員根等參加，並請年齡最長
之霍爾果斯依麻木托列別克（七十三歲，哈族）坐余右
首，以示敬老之意。前岳普湖縣副縣長黃濟武，葉城優
秀青年也，父為漢族，已故，母維族，尚健在。席間黃
氏起立致詞，代表被押釋放之各族在座同胞，表示謝
意。復闡述中國與新疆有二千八百年之歷史，不可相離
之意，警覺新疆各族同胞，精誠團結，擁護中央，勿稍
徬徨。語重心長，博得掌聲不少。午後三時迪化東山鄉
哈族代理鄉長烏倫拜來見。據告北沙窩匪首索來滿與哈
巴斯兩人已率眾返阿山，現在剩餘之匪眾多阜康、乾德

兩縣哈民。為首人物如和木脫拜與庫爾拜，均與烏倫拜
有親戚關係，烏擬前往招撫，頗具把握云。余深嘉其
志，囑與鄧廳長詳商。晚間與朱長官聯名電陳總裁，擬
將在新之老弱婦孺及無業之人逐漸遣送晉關，以利軍
事，請飭振委會在酒泉設立招待所，以便收容。

2 月 23 日　星期五

　　今日為蘇聯紅軍建軍第二十七週年紀念節，蘇聯駐
迪化總領事館於本日正午招待本市各機關首長，以示慶
祝。余於上午十時卅分偕外交署馮主任秘書、婁專員前
往總領事館道賀，祝史達林委員長健康，並告以新疆各
區專員多所調換，將來對蘇邊境和好，必能加強，中蘇
關係有關世界安危，願兩國共同努力維持友善云。午後
三時接見阿克蘇、和闐、莎車三區警局長武紹斌、張殿
魁、劉炎楊，及喀什區警局副局長鄭仁德。渠等定明日
搭車返任，余倍加勉勗，並指示數端：
（一）和協駐軍、專員、縣長。
（二）融洽各族同胞。
（三）注意言行禮貌，摒除不良嗜好。
（四）尊重宗教。
（五）努力進修。
太平洋美軍克復馬尼剌後，近又登陸硫磺島。該島距東
京僅七百五十哩，該項進攻可謂直搗三島之前奏。同
時美國航艦飛機一千五百架轟炸東京，開亞洲戰場之
先聲。

2月24日　星期六

　　午後接見最近開釋之崔果政、傅希若、邊燮清、楊波清等四人。渠等均於廿六年被捕，為盛前督辦時代之知識分子，今既出獄，擬分別委派工作，俾展所長，而利省政。晚接總裁電示，劉特派員不及趕回，日內候機來迪等因，足見總裁關心新政也。

2月25日　星期日

　　月前出獄之阿瓦提大阿洪玉賽音阿吉定今日搭車返籍，早晨前來辭行。余除日前派人送去大衣、棉服、皮帽、皮鞋等物外，今日復面贈茶磚二方、新幣二萬元。玉感極泣下，嗚咽曰「主席盛意，沒齒難忘，人孰無情，誠不願離開主席，此次分袂，再會不知何日。」言時涕泗縱橫，幾不成聲，復緊握余手掌撫其頰，雅有依依不捨之慨。余慰之曰「但願匪患敉平，地方安定，後會有期。此去望一路保重，抵里後時來好音，以釋遠念。」

2月26日　星期一

　　午後召集在迪各縣黨部書記長談話，到九人。余諄諄勉期以摒絕不良嗜好，保重身體健康，尊重各地習慣風俗，謹慎言語行動，協和駐軍，勿啟磨擦，學習維語，以利工作，並以「解舊怨、結新感」六個字為治事方針，努力赴之云。晚與朱長官會銜陳總裁電一件，文曰：「新疆現應以保全領土與人民生命為最大目的，須不惜任何手段達成之。以當前情況，只有在外交上想辦

法，以圖挽救。聞重慶蘇聯大使館放言新疆省府為反蘇集團，可否即斷然處置，用接近蘇聯同志改組省府，拖延時間，且在國際間亦可表現吾人對蘇聯之忍讓。以上所陳，為職等本知無不言之義，以供參考。果蒙採納，忠信仍願以任何其他名義效力西北也。」美軍登陸硫磺島以來，遭遇堅強抵抗，尼米茲將軍謂美國海軍陸戰隊在最初五十八小時，每二分鐘即死傷三人。戰事之慘烈程度，可以概見。

2 月 27 日　星期二

迪化市商會常務主席崔善祥前奉余囑付召集迪市各商家組織較大規模之商行，運售關內貨物，藉以調劑本省經濟。頃據崔面告，該項商行業已組織成立，定名華新商行，周海東擔任經理，周擬日內晉關赴蘭、渝各地採購貨物云。昨曾電請總裁改組省府，今日將該項原電分電佶子、文白兩兄。並於佶子電中表示願任西北宣慰使，代中央料理西北問題，其收效當更宏大，希佶子兄迅速予以促成，或酌為面陳總裁。

2 月 28 日　星期三

晨十時在中央軍校第九分校向該校全體職員、教官、學生等訓話。大意謂黃埔軍校為打倒軍閥、統一全國、對日抗戰之基石，望本校師生仿效黃埔精神，以達成固邊任務。夫現代軍事學識與技術日新月異，各人應勤加研習，同時博覽其他知識，俾成為現代完全之軍人。末勉努力鍛練體魄，以定建功主業之基云。午時宴

請居迪歸化族重要人員，到老牧師巳往裴郎司基、省立
第二中學教務主任普饒闊波夫、新疆學院講師潘肯、製
革商闊林聶夫、教廳督學索比諾夫、歸文總會主委索格
諾夫、商總少特、經理坡羅馬林闊等八人，教廳許廳長
作陪。席間余舉中國與歸化同胞往來之史實，及中國博
愛、和平之傳統精神，希望抗戰勝利後，各人能赴內地
觀光，當可認識中國之偉大云。三時接見奇台哈族區長
巨開、木壘河哈族村長阿必堅，聆取報告博達山匪窩近
情及招撫辦法。

3 月 1 日　星期四

省府社會處已擇定女子學院師範部為辦公地點，定今日起正式辦公。十一時接見黃濟武。黃父玉崑原籍湖南岳陽，光緒卅二年至新改入維族，奉回教，妻維女，教書為生，漸成富紳。濟武幼承父教，語通維、漢，民國卅年於岳普湖副縣長任中被押迪化，歷四年。今既開釋，擬任為疏勒縣長，必能稱職。今日來謁時，余以相片一幀及文白兄所贈精本總理遺教全集送之。黃頗為感奮，而曰，濟武無辜被押，頃得慶生還，一腔熱血，惟有忠誠黨國，恪遵蔣委員長及吳主席之昭示，勉盡其力，以報宏恩於萬一等語。午時宴請迪化省立師範卅三年寒假畢業生全體及教廳廳長、秘書、科長、主任等共五十餘人，余略致訓詞，語多勉勖。

3 月 2 日　星期五

午時在新大樓設宴款待奇台哈族區長巨開、木壘河哈族村長阿必堅，暨東路宣撫隊領隊札里福，由宣撫委員會各處長等作陪。呂樂甫大喇嘛、阿里木江、加滿格拉兩千戶長等在精河協助宣撫，已歷四旬，昨偕烏蘇副縣長、札克沁郡王達木登巴札爾由烏蘇抵迪，今午三時四人同來謁見。達副縣長年僅二十八，原係外蒙科布多北部落，民初隨父逃新，居古城。其父於馬仲英之亂戰死，隨來蒙民二千餘亦死亡殆盡，現達依母居蘇，屬下尚有蒙民三百餘人。

3月3日　星期六

　　午後二時召集新疆省貿易總公司總、副經理暨各處室正、副主任等十九人在新大樓談話，特別提出人事、會計與考核三端，希慎重人選、會計帳目清楚，並屬行考核制度，信賞必罰，對貪汙瀆職人員，必予懲辦，決不寬貸。四時向被押開釋之軍分校維族學生二十人訓話，勉以回校後更用功課業，謹守規矩，將來負起捍衛國家之大責。查各生年約在二十左右，粗通國語、國文，堪為經營新疆幹部。

3月4日　星期日

　　軍令部參謀視察組組長廉壯秋等一行五人抵新，瞬已兩月有餘，擬定翌日搭車離新東返。余派曾秘書長代表話別，並致送各人軍囊、皮帶各一件，以為紀念。午時宴請新近到迪之暫五十八師葉成師長以下各團營長，及原在迪化之各軍官共三十餘人。席間余勉勵各人遇事當以從容沉著之態度，抱堅守陣地之決心，並強調此次伊犁失敗可與抗戰初期淞滬挫折相比擬。淞滬之敗為抗戰勝利之母，伊犁之敗實奠敉平匪亂之基。今日得各方情報：

（一）紀專員來電，據報匪將分兩路攻焉耆。

（二）塔城情報，歸化族將暴動，蘇聯並集中軍隊，擬攻塔城。

（三）阿山情報，窩匪將於雪融後率千人攻承化。

查伊犁失敗以來，雖暫安於一時，迄今謠諑又起，雅有大雨欲來風滿樓之概。

3月5日　星期一

上午九時，省垣黨政軍各界在西大樓舉行三月份擴大紀念週。余出席主持，領導行禮如儀後，由省黨部委員兼宣傳處長孫浮生講演「戰後世界與戰後中國」，十時許始散。午後劉文龍先生過訪，面申起用回兵之意見。左文襄公入新，得力回兵五營，楊增新治新垂十七載，回軍裨助尤夥，今日匪患未清，亟須招集回兵共赴時艱，收效必甚宏大也云。上月二十六日曾與朱長官聯名電請總裁改組省府，藉以表示我人對蘇忍讓，而緩和目前新省危機。今晚接總裁復電謂「請兄等竭盡職責可也」等因，自應遵命，繼續努力。

3月6日　星期二

上午十時訪朱長官，余告朱曰自從伊犂慘敗後，士氣大為不振，專取守勢是不對的，應該準備反攻，否則亦須計劃反攻。朱深以為然。朱告余曰，有關軍事，最近已向總裁開誠報告，大意：（一）軍紀太壞；（二）士兵生活困難；（三）不能層層節制；（四）官長更動不易，須加調整；（五）能守不能攻，退卻必全沒，應從軍事教育改良。和碩特設治局局長陶里泰日昨抵省，今晨十一時許前來謁見，面陳快馬一匹、蘑菇四包。午時在新大樓宴請陶局長及烏蘇副縣長達木登巴札爾、呂洛甫大喇嘛、艾林木江、加滿格拉兩千戶長等十數人。三時許始席散。

3月7日　星期三

自伊犁淪陷以後，與蘇聯領館往來甚少，難免有生疏之感。故於本日午後一時設席招待蘇、英、美正副五領事，由外交署馮、樓、水三秘書及教廳許廳長作陪。彼此盡歡盡醉，三時半始散。柳正欣、湯執權、崔穎春、吳熙春四師長，張篤侁、周明兩處長，業經恢復自由，特來道謝，余多方安慰。重慶外交部三月五日發表公告「關於設立國際和平安全機構事，中、美、英、蘇四國政府現正發出請柬，訂於四月廿五日在美國舊金山舉行聯合國大會。凡在一九四五年二月八日前簽名於聯合國家發言之國家，以及一九四五年三月一日前向敵宣戰之協合國，均在被邀之列。」根據上述公告，中國乃聯合國大會召集人之一，意義殊為重大，亦抗戰八載之最大成就。再視新疆，聯合會大會既召開在即，新疆匪患或因國際關係之開展而趨好轉，亦未可知也。

3月8日　星期四

本省現在重慶所存各種物資約值法幣九萬萬元，頗欠管理，因此貿易公司決在重慶設分公司，以盧冠斌、吳魯書為正副經理。午後三時與第二十九集團軍參謀長侯聲談話，侯年青有為，軍事、學識豐富。余以於參謀長因病不能辦公，其保安司令部參謀長職務擬由侯代理，惟侯則欲返陝一行，而朱長官是否准其返陝，尚未可知。

3 月 9 日　星期五

晨省府委員會議中，余表示意見，謂目前本省財政困難、支出浩大，故預算無法編造，但各機關須竭力樽節支出，健全會計，並按時將支出造報云。午後一時設宴招待候機飛渝受審之程東白、宋念慈、何耿光，席間聆三人漫談被押及獄中經過，歷歷如繪。三時召集赴阿克蘇工作人員喬專員等十人談話，諄諄以內部團結一致，互諒、互讓、互助，勿鬧意見為勉勖。四時出席財政會談，分囑有關部門迅將所填軍事費用造報，準備向中央索回。五時赴監察使署與羅監察使晤談，羅以將赴渝一行見告，但囑暫不宣布此消息。

3 月 10 日　星期六

晨十時向新近保釋之案犯八十餘人訓話。前新疆省府副主席和加尼牙孜之子色依都拉，及女婿蘇普勒於廿九年因三堡案被押，現亦同時保釋，前來聽訓。余面致慰問。哈族頭目哈吉巴拉、鄂拉孜阿里、多克土爾等三人由鄧廳長陪同蒞新大樓謁見。哈係奉命入北沙窩匪區招撫。鄂則曾到阿山匪窩及外蒙，據告窩斯滿左右僅五兵，外蒙對之監視甚嚴，表示現不能與政府相好；北沙窩匪首薩來滿願意投順，惟格於與窩斯滿訂下之同生死共患難諾言，不能即決等語。余謂曰現在薩來滿有三項充分理由應該投順：一為國家與地方之安定；二為薩本人避免遲早被外蒙控制；三為營救好友窩斯滿脫離監視。哈等深以為然。東北抗日志士高玉山、王勇、吳義成、臧景芝入新後，盛前督辦委以中將軍事顧問，而行

動則受監視，旋且入獄，近始獲保釋。今日午後聯袂前
來謝恩，有「我四人均不識字，故未遭殺害」，「今後
主席有囑託，何時招，何時即到」諸語。

3月11日　星期日

晨與朱長官談話。余曰新疆物價高昂，超出重慶
十五倍至二十倍，士兵待遇依新幣與法幣比例，僅至五
倍之數，一般士兵生活困難。如此情形，足以影響軍
紀，我人亟應聯名電請中央改善。余又謂，近聞奇台附
近之博達山竄來外蒙兵三百人，謠傳將攻奇台；焉耆方
面侵匪經查明有歸化人；塔城方面亦有告急之訊。故我
人應有戒備，勿可鬆懈。

3月12日　星期一

今日為國父孫中山先生逝世二十週年紀念日，亦國
民精神總動員六週紀念日，省政府、省黨部在西大樓召
開聯合紀念大會，到迪垣各界代表八百餘人。上午十時
宣布開會，余任大會主席，領導開會如儀後，由省黨部
委員兼代新疆日報社社長余紹先報告，題為「如何動員
國民精神」，歷一小時始畢。午時在新大樓宴請新近釋
放之案犯卅餘人，哈吉巴拉、鄂拉孜阿里、多克土爾，
三哈胞亦被邀參加。阿山專員高伯玉、副專員艾林郡王
一行已抵福海，並與該地匪首馬那提晤面。馬表示願率
眾及槍六百餘支投順，現尚在談判中。倘此事順利進
行，阿山多載匪患，平息可期。

3 月 13 日　星期二

　　晨九時舉行第二次黨政聯席座談會，由各主管部門報告宣撫及黨務宣傳等工作。余於席間提出當前黨政工作中心為「安定地方、協助軍事」八個字，如能做到此八個字，則我人責任已盡。喀什專員張愛松、阿圖什縣長歐陽先平、英吉沙縣長李聘初等即將履任，今日招其來會，面示一切。和碩特左右兩旗輔國公拉德那不的與格恩丹杜爾一行十人，昨由青海抵迪化，程兩月，拉公子媳等因生產男孩，滯留哈密區屬遼東，未克同來。溯拉等廿七年正月杪因畏捕逃青，迄今方為七年，故鄉重蒞，欣喜可知。今日午後拉公等前來謁見，並送呈禮物多件，竊深感之。

3 月 14 日　星期三

　　晨九時接見陸軍新編騎兵第一師參謀長韓蔭遠。韓新疆軍校騎科畢業，曾任騎兵團長，作戰勇敢，近被押開釋，界以新職，當可有所建樹也。十時與和加尼牙孜之子及女婿色衣都拉、蘇普勒兩人晤談。色衣都拉因不堪囹圄生涯，身染疾病，迄今未癒，余即為介紹衛生處姚處長妥為治療。午後五時許接見喀什維族知識分子阿不都熱合滿阿吉。阿年卅四，早歲在國外印度、昂哥拉、麥加等地求學，歷八年之久，廿六年被押入獄，近始獲釋，為人殊識大體，有「新疆與中國，如魚之與水，不可須臾分離」之語。

3月15日　星期四

　　晨與焉耆駐軍蔡團長談話，聆其報告該處軍事情形。蔡並於與焉耆專員紀鳳樓齟齬事有所辯白，余爰曉以軍政當局團結合作之重要，切致慰勉。關於六全大會新疆代表六名之遴選，前經電陳中央指示辦法。查新省以目前剿匪與交通關係，該項代表無法依法選出。今日特分電陳立夫、陳果夫兩兄，請其在服膺主義、擁護領袖之標準下推出代表六名，稟呈總裁核示，以免電訊往返之周折，亦可表明本人大公無私之精神。

3月16日　星期五

　　午時在新大樓設宴款待新近回新之和碩特左右兩旗輔國公拉德那伯的、格恩丹杜爾，及拉公夫人魯宗強、子特賈旦、僧尼爾巴等十人。留迪蒙旗人士呂樂甫大喇嘛、達喜郡王、宮世臣親王、滿漢王公子滿國成、姐夫姻英、喬親王胞弟侯瑞昌、女公子多琰黎、多琰玲，及達木鼎策德恩，以及各蒙族喇嘛等，均被邀參加。省府各廳委、處長均攜眷出席，情形熱烈，嘆為空前。席間余將各出席蒙族領袖之歷史一一介紹，並期勉新疆漢、蒙兩族加緊團結聯繫，藉謀地方之安定與進步。拉德那伯的輔國公暨陶里泰局長等先後致答，表示服從政府，效忠黨國之決意。掌聲不絕，情緒融洽，至三時許始盡歡而散。

3月17日　星期六

　　午前馬良駿大阿洪、漢文會主任委員劉效藜來訪。

劉以日昨漢文會失火，焚燬碑帖、古董甚多，自請處
分。余勉慰曰，凡物有生必有滅，有滅必有生，此天理
也，毋介懷。余隨而闡述國際大勢及余主新數月來舉
措，強調目前治新方策為從安定中求進步，兩人頗為點
首。烏蘇八音溝承化寺札薩克喇嘛、曲屯喇嘛、民眾代
表丁曾，昨日由烏蘇抵省，午後三時謁見，送獻哈達及
禮品。詢悉承化寺距烏蘇東北一百八十里，其起源乃額
敏十個蘇木各選五頂帳篷移來此間，現有喇嘛百餘人。
該寺活佛貢卡嘉錯名白活佛，轉世拉卜楞，現年卅五，
尚未迎回烏蘇，曲屯喇嘛等擬於農曆四月天暖時候離新
赴拉卜楞，迎請白活佛回寺主持教務。五時許與孫慶
齡、張鳳儀兩顧問談論本省軍事形勢，僉信訓練騎兵是
為要圖。

3 月 18 日　星期日

　　午後據報美國飛機兩架載運空軍氣象台工作人員及
器材，將於明日飛迪，爰招空軍總站蔣總站長、省府曾
秘書長、外交署馮主任、秘書水科長等會商飛機降落之
場地、飛機之警衛，以及氣象台人員之招待等問題，
並與美國領事華瑞德往返電話磋商。擬定降落地點為中
國空軍機場（即前稱歐亞機場），以求近便，限明日將
該場跑道積雪清除，以便降落，屆時將加強警衛，以防
意外。至招待事宜由航空站與外交署共同辦理，以資熟
手，其費用則歸省府負擔。

3月19日　星期一

　　晨接見新近開釋，行將回里之阿瓦提維族農人阿木特。據稱阿瓦提大阿洪阿米都拉，年七十許，為阿克蘇區最有聲望之大阿洪，民國廿一年冬南疆之亂，曾維護阿瓦提漢族人民百餘，未遭慘殺。余為表示崇敬起見，以磚茶二方、名片一張，囑阿木特便送阿朱都拉大阿洪。午時宴請曲屯、丁曾兩喇嘛，陳愚團長，方振漢副團長。席間余對迎回承化寺白活佛貢卡嘉錯一事提示意見謂，此事為蒙古佛教大事，須請示中央，並徵取拉卜楞當局同意始可，而白活佛既回承化寺，生活供養是否裕如，亦應在考慮。本人對此事極表贊同與歡迎，並願盡力協助，汝曹事先有一番詳密計劃與充分準備。晚七時召開省府各廳委、處長座談會。論及本省概算不敷將達新幣二十萬萬元，折合法幣一百萬萬元，數字之大，為全國各省所僅見。

3月20日　星期二

　　奉命赴北沙窩匪區招撫之阜康縣副縣長胡賽音，昨偕北沙窩哈匪胡爾馬什、黑那牙提（胡賽音之侄）抵省。今晨三人晉謁，余首詢悉北沙窩匪區居民與牲畜平安，甚以為慰。隨而胡賽音報告招撫經過，結論謂北沙窩南邊哈民經宣撫後已紛紛回牧，今剩五、六百頂帳房，將來均有遷回之望。北邊靠近戈壁，天暖雪融，沿途乏水，不能回來等語。午後二時偕於參謀長赴陸軍醫院及老滿城慰問傷兵。陸軍醫院設備較周，現容傷兵百餘人，老滿城則利用營房數幢安頓傷六百餘人，環境較

差。各傷兵見余蒞臨慰問，深為感奮。傷兵因凍致傷者
約佔三分之一，鋸指截腿，殘廢慘狀，望之惻然心酸。
余於是有感現代人類戰爭痛苦，物質科學畸形發展，實
為主因，他日人類苟得回返宗教慈悲之道，則戰爭或可
消滅於無形。

3 月 21 日　星期三

　　運載測候台人員與器材之美國飛機兩架，今晨九時
卅分飛抵迪化，在中國空軍機場安全降落。該兩機以任
務繁忙，當日午前十一時許即起飛離迪。隨機同行者，
有已故中國駐蘇聯伯力韓總領事之夫人及二女，暨霍
布克喬嘉甫親王胞弟侯瑞昌夫婦。保安司令部高級參謀
羅勘棻奉命赴南疆慰勞各地駐軍，不日即可啟程，余召
其來晤，倍加勉勗。至南疆宣慰團因各團員本身工作繁
忙，已決定暫緩出發矣。阿不都熱合滿阿吉，額敏哈族
大阿洪也，年已七十七，少時遊學阿剌伯十六載，熟通
經文，為哈族中僅見。渠以額敏維族不贊成婦女蒞寺禮
拜，表示異議，渠謂根據回教教義，禮拜無男女之分，
應請主席糾正云云。余答曰，回教教義既明白規定禮拜
不分性別，汝可據以勸告，本人為一省主席，又非回教
徒，出面主張，實干未涉，夫信教自由，國策明定，汝
等可就宗教教義與地方習慣，善為調理之。

3 月 22 日　星期四

　　卸第五區（塔城區）行政督察專員姚文芳日昨抵
省，今晨來見，報告塔城近情甚詳。塔城區居民百分之

七十屬於游牧，去年冬季及今春氣候特寒，數十年未有，山地冬窩積雪盈尺，不能居留，牲畜死亡，損失奇重。至逃蘇牧民，一以蘇境衣食缺乏，二以蘇方沒收牲畜，不堪其苦，均已回牧。午後三時接見被押開釋之南疆維族同胞庫爾班與依明哈木札兩人。庫爾班籍阿瓦提，六十一歲，業農牧。依明哈木札籍阿圖什，卅四歲，曾任澤普縣長。兩人定明日聯袂返南疆原籍。

3月23日　星期五

晨九時在新大樓會議廳舉行省政府委員會第八十六次常會，討論議案多屬難童與墾民之移送，及社會救濟之標準等事項。至省救濟院之籌設，以估計預算數大，決議先發一百萬元辦理貧民救濟。午後外交署馮主任秘書報告與迪化英領刁茹樂談話經過。刁領事近接印方來電，印度中部流亡哈薩克同胞六百名意欲回新，詢問新疆省府意見。該案業經我外部與英使館洽商中。余認為取道南疆恐非維族所願，繞道口內入新，路程又屬遙遠。目前新省匪氛未已，此等流亡哈民多係狡悍之輩，一旦放其來新，誠恐招致不良影響。目前或可接其在口內適宜地點集中居住，以便約束，益從而教化之，將來時局澄清，交通便利，再作計較。雖然該案須經縝密考慮，始能作決耳。

3月24日　星期六

昌吉縣哈族代表阿吾沙黑特鄉長、巨努斯保長、庫西曼保長、烏里米色克保長、柯孜爾校長等五人自昌吉

抵迪晉謁致敬,並以該縣漢族自衛隊長杜建昌、保長楊
子明誤殺哈民,致遭押解在省,面請從寬發落,毋庸
究問,藉以增進哈漢感情。若斯哈族之自動為被押漢族
呼籲者,可謂創舉。審判團來迪清理積案,瞬已四月有
餘,迄今任務終了,擬定後日乘專機返渝。本日晚間余
在新大樓設宴為該團全體人員餞行,並邀省府各廳委、
處長等作陪,賓主甚為歡洽。

3 月 25 日　星期日

伊犁專員左曙萍日前自烏蘇返迪,余擬易以他區,
其遺缺由安文惠接充。今晨與安談話,指示目前新疆政
治方針為「安定地方、協助軍事」八個字,夫欲達此目
的,惟以「解放」替代「壓迫」,「幫助」替代「榨
取」,「安慰」替代「恐怖」。羅監察使志希兄擬與審
判團同機赴渝,午後前來辭行。余閒與告述應付西北之
對策,請其轉陳總裁。余謂軍事方面,應確保天山,鞏
固河西;政治方面,應調洽回教,緩和蘇聯。目前新省
士兵生活太苦,亟宜改善,而新省各種物資與工具均感
極端缺乏,尤希中央在各方面速為補充。

3 月 26 日　星期一

喀什維族老商人艾買提,年已七十四,由喀抵省,
午後由乃孜爾大阿洪、土洪阿吉陪同晉謁。握手相見
時,艾翁涕泗橫溢,娓娓曰,在喀之日,欣悉主席賢
明,惜未見,爰即兼程來迪,得酬宿願,死亦瞑目。外
交署劉特派員澤榮夫婦,暨軍令部第一廳第二處少將處

長許朗軒、第一科科長高德昌今晨飛抵迪化，午後先後
來會。劉特派員面告中蘇外交無甚進展，深為怏怏。
許、高兩君此行為視察本省軍情。

3月27日　星期二

　　六全大會代表，本省以匪氛猖獗，交通困難，無法
進行選舉，曾經電請中央援照戰區辦法，由本人提出加
倍人數呈請中央核定。頃已奉准，乃於本日省黨部執行
委員會議中將名單提出，決定為陳希豪、謝永存、佘
凌雲、周昆田、黃如今、童世荃、堯樂博士、伊敏、
烏靜彬、紀元章、胡國振、劉效藜等十二人。此項分
配，良屬十分公允，至將來究竟誰得誰失，只有聽中
央之裁定耳。

3月28日　星期三

　　焉耆駐軍蔡團長佛泉與該區專員紀鳳樓既存磨擦，
對一般人民又至不洽。夫焉耆為蒙族聚居之所，南疆之
重鎮也，茲為融洽蒙族，以安民心，協調官民，藉固
後方，擬派省府委員兼保安司令部參謀長於達前往視
察，相機調停。午後所見賓客內有博大正者，年卅四，
北平正紅旗滿族，先曾祖為新疆古城子（即今奇台）副
都統。同治二年城陷，全家殉難，先祖單身走京師，清
廷派為伊犁將軍。先父承先蔭為奇台縣長，民國廿七年
被押，死獄，博大正本人亦於代理烏蘇縣長任中下獄，
經開釋後，現已委為七角井設治局長。據奇台縣府電話
稱，奇台附近北沙窩被匪裹脅之哈民五百餘戶，自北塔

山結隊南歸時，該處匪眾武力阻遏，該哈民等拼死抵抗，與匪搏戰。結果哈民死四人、傷二人，匪方死十人，阿山匪首窩斯滿之弟卡米勒與匪首庫旺什科均在焉。

3 月 29 日　星期四

美軍近一、二日間猛炸日寇本土之東京、名古屋、大阪、神戶等處，敵損失慘重。同時美軍佔領琉璜島後，又登陸琉球群島，似此情形，不久即將在中國大陸或日本三島登陸，在意料中。敵小磯首相曾向人民宣稱時局嚴重，為日本歷史空前所未有，洵非虛語。日本為牽制我軍，響應美軍登陸大陸及鞏固其大陸交通線，向我鄂北、豫南發動攻勢，陷落老河口，威脅西安、漢中，惟此亦不過敵人迴光反照耳。今晨與朱長官晤談，對國內外戰事之見地頗多雷同。旋朱出示廿八日總裁電，垂詢青海騎兵二師入新接洽情形。余謂不知中央對馬主席子香所請補充各點如何處理，若中央允許馬主席全部或一部要求，則余願赴西寧一行。青軍入新路線及沿途水草解決諸問題，以及到新後駐防地點之決定，均需從長商榷之必要。余抵新方半載，為向中央述職起見，擬於赴西寧之前，先飛重慶。

3 月 30 日　星期五

保安司令部高級參謀羅勘芬等一行十餘人，於今日上午九時許，由迪乘車赴南疆各地慰勞駐軍，藉便慰問各族人民，宣達政府關懷之忱。約三月後回迪。午後往

訪劉特派員澤榮於外交署，承告昨晚宴請蘇、英、美駐
迪領事經過。席間劉密示蘇聯葉代總領事，願蘇方對伊
犁事變慨予援手，俾匪氛早日敉平。葉代總領允將此意
電報蘇聯外交當局。

3月31日　星期六

　　六全大會軍隊黨員代表第十七複選區（即新疆區）
複選大會，今日上午十時於新大樓會議室召開，出席各
部隊單位代表十五人，由嚴代表登漢任主席。余奉中央
命派為複選監選人，代表中央訓話，略謂此次全國代表
大會實為承先啟後最重要之會議，軍隊代表普遍選舉足
為民主精神之充分表現，本區初選代表名單健全，良足
代表本黨，從而確信此次大會結果圓滿云。旋即進行選
舉，當場開票。午後一時散會，余招待全體代表午餐。
今日農曆二月十八日，為余生辰，惟外間無人知曉，省
卻無數麻煩，竊為滿意。

4月1日　星期日

　　昨日午後由警務處處長胡國振陪同巡視省垣各監獄暨天主堂，迪化監獄以大西門內新監獄之規模最大，可容一、二千人。新監獄院內城根有地穴三處，過去為勒斃囚犯之所，勒畢擲諸城牆外，以車運埋，據聞一晚可勒死二、三百人，亦云慘矣。天主堂昔為蘇聯天主教神父居地，旋為盛晉庸兄改囚審案犯之處，嚴刑迫供，慘絕人寰，囚房之內，血殷猶在，令人惻然。盛在新之日，大興案獄，全省監獄，多至九十，迪化一地亦佔十餘，大抵為沒收民房改用者，而監獄經費之龐大，亦可想見。余主新半載，各獄案犯均經先後釋收，各監獄昔患人滿，近則多所空局，省垣現押犯人僅剩六、七百，其他區縣押犯亦在陸續開釋中。夕陽下順道訪晤劉文龍老先生，談笑甚歡。

4月2日　星期一

　　烏蘇蒙族舊土爾扈特東部落三蘇木代理郡王銜貝勒西日甫，及該部落東克爾寺二喇嘛曲魯穆抵省，今日午後謁見。西日甫年已六十八，廿四歲遊學西藏，凡七載，卅歲由藏取道印度、中國內地及西伯利亞返新。民國廿七年東部落左旗三蘇木郡王丁曾阿拉布病故，旗民公推西日甫代理郡王，八載於茲矣。

半載宣撫工作專記

　　本人抵新伊始，深感宣撫工作之重要，即於去歲十一月間令設宣撫委員會，遴選各族領袖頭目充任委員，成立各路宣撫隊，以各族素孚聲望人士為領隊及隊

員，分途出發。工作之展開迄今瞬已數月，其成績之犖
犖大者，阿山匪首之一馬那提已率眾宣布投順；北沙窩
匪首蘇來滿亦有反正之表示；而多年逃亡蘇境之艾林郡
王長子達力里汗，亦已回布爾津，將與其父見面；博達
山匪首庫旺什拜與卡米勒（窩斯滿之弟）為被裹脅之哈
民擊斃。查阿山匪首窩斯滿部下共有匪五股，其五匪首
為馬那提、蘇來滿、哈巴斯、開來斯與卡米勒，今窩斯
滿已失其三，大勢已去。今日我人可言，如無伊犁事
變，阿山匪亂早可和平解決，全疆歸乎安樂。易言之，
倘無阿山宣撫之成果，則伊犁叛匪必益肆猖獗，使新疆
局勢更趨惡劣，不堪想像。當前問題，外交目的在和緩
蘇聯，軍事目的則在確保陣地，至於政治，就宣撫一端
而言，其表現之成績，至今已達最高之潮。今後政治
目的，當依照安定地方、協助軍事之原則，繼續向前
邁進。

4月3日　星期二

午時接見北沙窩晉省代表米謝立、喀伯里、充愛及
多克土爾四人，渠等面陳北沙窩匪魁蘇來滿、努爾和加
依三月十七日復書一通，宣示願意投順政府。喀伯里係
努爾和加依胞弟，代表蘇來滿與努爾和加依贈我銀元寶
壹錠，狐皮貳只，余百辭不獲，只得收下。午後與外交
署劉特派員澤榮談話，劉以英國駐迪領事刁茹樂擬赴伊
犁遊歷，詢余意見。余謂茲事體大，應經中英兩國當局
同意始可，縱若此，將來萬一發生意外，我人又不能完
全卸責，故須詳細考慮，始可作決。晚悉大河沿匪徒今

日放棄大河沿佔領地，退至三台，是則烏蘇、精河當益安然，甚為欣慰。

4月4日　星期三

烏蘇四棵樹舊土爾扈特東部落右旗親王托音喇嘛嘉穆錯，昨偕該旗普慶寺喇嘛代表黨都爾及隨從二人由烏蘇抵迪，今晨與余在新大樓相見。嘉穆錯喇嘛年已七十五，為新疆蒙族中年長而地位最高之喇嘛，早歲在拉卜楞，從前輩嘉木樣活佛學經，並曾一蒞北平。回新以後，潛心誦經，不問世事，並手創千佛寺於四棵樹，為人崇仰。余主新半載，嘗四度遣人問候其起居，嘉欣感逾恆，故有晉省之行。北沙窩匪區代表朱謝立、多克土爾定明日返匪區復命，余回送蘇來滿、努爾和加依各花布八匹、茶磚五方、綢衣料一件、馬槍一支、子彈百粒，並復代電一紙，表示本人對渠等不咎既往，願速投順，到迪相見之意。焉耆和碩特蒙族代表加力次熱大喇嘛等七人日前抵省，今日午後由拉德那伯的輔國公夫婦帶領，隨同拉公子才仁加布夫婦晉見，共獻駿馬一匹，禮品多件，晤談頗為融洽。

4月5日　星期四

交通部俞部長樵峯兄今日午後三時許飛抵迪化，余與朱長官等均赴機場迎迓。隨俞同來者有西北公路局何局長競武、軍政部劉處長雲瀚、呂副司長洞凡等人，俞部長仍住新大樓。俞等此行在解決入新部隊之運輸，及其裝備、補給諸問題。前財政廳長彭吉元暨杜重遠眷屬

定明晨飛渝，今晚十時許，彭竟為人毆擊，面部流血，
幸未及要害。余除派醫為彭裹傷，並由曾秘書長少魯、
劉局長漢東代表慰問，復飭劉局長速即查明兇手，予以
拘辦。

4月6日　星期五

　　下午二時俞部長、朱長官在新大樓召開交通運輸會
議，到有關部門負責人十餘人。余以三時後宴請烏蘇嘉
穆錯喇嘛、西日甫喇嘛，及和碩特晉省代表等蒙族頭目
二十餘人，故未參加會議。七時卅分余以西餐招待俞
部長等到迪人員，以示歡迎之意，朱長官、李總司令、
劉特派員澤榮，暨省府各廳委、處長均被邀參加，賓主
四十人，蹌蹌蹌蹌，極一時之盛。直至十時許始散席。
國際消息：
（一）本月五日蘇聯宣告廢止蘇日中立協定。
（二）日本小磯內閣總辭職，鈴木受命繼起組閣。
（三）前任蘇聯駐華大使館參事，現任情報司長彼得洛
　　　夫已被任為駐華大使。
本省近訊：
（一）大河沿匪已撤至三台。
（二）阿山暨北沙窩匪勢日滅，迪化東、西兩路各縣
　　　已趨平靜，春耕頗具把握。
（三）俞部長來迪，對新省交通運輸將有具體調整
　　　辦法。
以上各項好消息，紛至沓來，令人不勝欣喜之至。

4月7日　星期六

伊犁區專員左曙萍已發表調任焉耆區專員，原專員紀鳳樓調省另候任用。烏蘇老喇嘛嘉穆錯身體不適，經派姚處長往診，發現左肺發炎，並兼心臟衰弱症，即日將其接至省立醫院治療，囑告姚處長妥為照拂。今晨俞部長在新大樓召開部隊裝備補給會議，關於新省部隊冬夏服裝之材料來源、經費、運輸各點均在討論之列。迪化南山白楊溝八家戶哈族厄爾色衣特札楞，與吾司滿衣麻晉城謁見。晤談間，余述及國語、國文之重要，尼爾色衣特深為感動，自願將其子送入中訓分團受訓，殊堪嘉許。

4月8日　星期日

今日報載，莫斯科電台五日廣播莫洛托夫對於廢棄蘇日中立條約之聲明，持論大方，措詞得體。喜而錄之如後：

蘇日兩國於一九四一年四月十三日簽訂中立條約，是時德軍猶未侵蘇，英美與日之戰亦未爆發。此後局勢急劇變化，德國攻蘇，日本亦協助德國進行侵蘇之戰，此外日本並與蘇聯之盟，英美兩國交戰。處此情勢，蘇日間之中立條約已失意義，延長該條約乃不可能。鑒諸上述各節，並根據條約第三款之該約得於期滿前一年通知廢止之規定，蘇聯政府特通知日本，廢棄一九四一年四月十三日所訂協定。

4月9日　星期一

晨間回看方由前方歸來之李總司令鐵軍，至時第八戰區參謀處長王為天在坐，共論剿匪軍事。余力主計劃收復伊犁，李、王兩人均表贊成，王並云只須增加兩師兵力，在今年十月以前發動攻勢，必可成功。午後與朱長官、俞部長、何局長商談交通問題。中央原擬在新成立戰時運輸分局，因困難太多作罷，故今省公路局仍舊保留。至保安司令部交通處所司軍運部份業務，將來移交軍政部新疆供應處辦理，在供應處未成立之先，則仍維現狀，此外並商定由中央補助公路局法幣五千萬元。俞氏此行對於新省運輸交通商談結果，如此而已，故無多大成就也。

4月10日　星期二

總裁來電，（青海）騎五軍所請補發武器，已飭軍政部准予照發，希即轉飭該軍，應于五月十五日以前集中酒泉，候領武器，以期迅速為要等因。自當即轉達馬主席，不過兩師騎兵集中酒泉，草料都成問題，而入新途中，水草更感困難，到新後之使用方向頗費研究。余當本國家立場、馬主席感情，竭力運用也。

4月11日　星期三

財政廳盧廳長之母王太夫人壽終原籍，今日在渝、迪兩地同時設靈家奠，余於上午十時親至靈前行禮，盧匍伏號泣答禮，令人心酸。上午十時半抵省立醫院探視烏蘇老喇嘛嘉穆錯之疾。老喇嘛面稱病劇，恐不久人

世，惟生平蓄志宏揚黃教，未睹厥成，引為遺憾，且以
拉卜楞係其舊日習經處，擬再遊拉卜楞，終老該地，亦
已不許。頃擬囑徒覺都爾繼志赴拉卜楞，請余屆時協
助，余慨然允之，並囑安心靜養身體，老喇嘛不勝感
奮。午時宴請喀什老商人艾買提，邀馬良駿大阿洪、乃
孜爾大阿洪、烏曼爾大毛拉、土洪阿吉、那思爾大毛拉
等作陪。席間暢論伊斯蘭教教義暨宗教之於世界和平之
重要，一座動容。

4 月 12 日　星期四

　　晨得迪化空軍總站電謂，今晨蔣經國君已由蘭啟程
飛迪。午後空軍總站又謂，蔣已飛抵哈密，休息一晚，
明日飛迪。今日為中國國民黨清黨紀念日，下午三時省
黨部全體工作人員在俱樂部舉行會餐，余偕陳書記長及
各委員蒞臨參加。即席訓話，勉勗各人認識環境，注意
言行，並在智、德、體三方面同時求進步，末望大家以
堅忍的精神與歡喜的態度來克服困難，完成使命。午後
五時至省立醫院視嘉穆錯老喇嘛，嘉返寺心切，余告正
在設法車輛，明日或可啟程。嘉大喜，復曰，生平未得
蒞藏，引為大憾。余慰曰，余曾到過西藏，如同汝到，
無所分別。嘉大笑。

4 月 13 日　星期五

　　嘉穆錯喇嘛今晨十時專車回寺，同行者有烏蘇各寺
喇嘛四、五人，余派省醫院護士王迪、宣撫會翻譯巴學
廉隨車照料。據悉老喇嘛上車時頗興奮，聲稱回寺一俟

病體全瘁，當即重來迪化，與余長談云。蔣經國君今晨
抵迪，同來者有第九分校主任宋希濂暨方叔等數人，余
派曾秘書長、周委員率庸叔赴機場接蔣至新大樓下榻。
午後余與經國談話，論及人事問題，對儘量任用各族人
士參加政府工作一點頗有同感。晚間藝文研究會假西大
樓舉行音樂演奏會，招待先後抵迪之俞部長、何局長、
劉處長、許處長及蔣經國君，藉示歡迎，有中西音樂、
各族歌舞，表演精彩，十一時許始散。

4月14日　星期六

　　昨晨得美國總統羅斯福先生病故消息，即派曾秘書
長代表本人偕劉特派員赴美領館向華領事致唁。今日日
載公布羅總統於十二日午後因大腦溢血症逝世，享年
六十有二。羅總統近年為世界和平與正義，領導各國，
打擊侵略之邦，迄今盟國最後勝利近在眉睫，竟其溘然
長逝，能無悲乎！六全大會新省代表業經中央圈定六
名，陳希豪、周昆田、黃如今、堯樂博士、伊敏、烏靜
彬。烏現在焉耆組織蒙民，或不克赴渝參加，則當由候
補代表謝永存遞補。余以職務關係，擬不赴渝出席，已
電陳總裁核示矣。

4月15日　星期日

　　俞部長、蔣經國君，今晨由李總司令、於參謀長陪
同，飛赴烏蘇、精河視察，藉便慰問當地駐軍及民眾。
午後六時許返迪。嘉穆錯老喇嘛前日專車離迪，昨日車
甫抵烏蘇，即告氣絕身亡。今日烏蘇各界開會追悼，適

俞部長、蔣經國君蒞至，亦參與祭典，蔣並代表總裁致祭，死而有知，亦當含笑泉下也。今日為迪市植樹週開始之期，市委會特於西公園劃定區域，邀各機關首長親自栽植，以示倡導。晨十時許，余首先蒞臨，親植楊柳一枝，旋驅車至明園視察，午時始返。

4 月 16 日　　星期一

晨間中訓分團學員舉行開學典禮，余蒞團致訓詞。查本期受訓學員多係各族粗通國語年青之士，訓練目的在培植縣政佐治人員，卒業後擬量才派赴各地擔任縣長、副縣長、科長、秘書諸職，俾符就地取才之旨。外交部電告，蘇聯駐華新大使比得洛夫定明日由莫斯科飛迪轉渝履任，約期十九日抵迪化，屆時余當以地主之誼，隆重招待。蔣經國君今日午後五時，假劉文龍住宅召集劉文龍、桂芬、魯效祖、劉效藜、趙鐵鳴、趙廷楨六人談話，由曾秘書長陪同前往擔任介紹。蔣向各人切致慰問，甚為歡洽。

4 月 17 日　　星期二

俞部長於今晨七時許離迪飛蘭轉渝復命，余與朱長官等均至機場送行。行前俞懇切告述數事，彼謂：「余知吳先生非常著急，因過去新省尚有相當物品，頃已耗費殆盡，余當報告總裁，速為補充。吳先生對新省部隊之冬季軍服最為擔心，當注意及早準備，請勿掛念。新疆情形特殊，無論軍事、政治等預算，均應特別規定，不能比照普通省份，此點余亦必代達中央。至供應處自

須迅速成立，又請釋懷。」余回：「供應處工作人員，最好即乘飛機來新，以資迅速。」從俞部長臨行所言，足見其對新疆已有特別認識，其後果可使中央進一步協助新疆。上午十一時迪市各界於西大樓舉行美國故大總統羅斯福先生追悼大會，會場佈置嚴肅簡樸，儀式隆重。余與朱長官主祭，與祭者有美、英、蘇領事暨本市黨、政、軍機關首長、高級職員、各校代表等近千人，蔣經國君亦與祭。會間美領華瑞德讀聖經，余與朱長官均由人代讀祭文，香煙繚繞，滿堂哀思。十一時半於哀樂中散會。

4月18日　星期三

　　宋希濂同志奉總裁命主持第九分校，特先來新一行，日內擬飛渝報告。宋原在滇任遠征軍總司令職，年僅卅有八，張文白兄致余介紹函中，譽宋為「一健全之高級將領」。今晨與余談話，余謂：「願君以服務邊疆為終生事業。」宋頗為興奮。午時省府廳委、處長等全體，設手抓飯歡迎蔣經國君與宋希濂主任，邀有迪化各族聲望人士共一百七十餘人與餐，情緒至為熱烈融洽，至三時半始散。四時接見月初開釋之龔玉泉、卞方明、張雅韶三人，均莫斯科中山大學生，龔且係黃埔軍校第三期畢業生。渠等在迪被押八年至十餘年不等，先指為托派，後翻為共黨，三人亦自認早歲加入共黨，全屬感情衝動。余爰述三民主義之正確性，願其今後在三民主義旗幟下為國努力。

4 月 19 日　星期四

　　第一區專員鮑爾漢前赴東路各縣視察，費程十又二日。四月十七日返抵省垣，並有孚遠阿拉吾吉、宗古魯、道你提三位喇嘛偕來。今日三人與余晤見，詢悉去冬被裹脅至外蒙邊卡博騰河，生活窘苦，不敢誦經，故今乘機逃回孚遠，其他被裹脅之蒙包二百餘頂亦不堪其苦，亟思回來，奈外蒙監視甚嚴何！關於調青海騎兵兩師入新固邊一案，月初奉總裁電令轉飭該軍，應於五月十五日以前集中酒泉，候領武器。今日得馬主席復電，表示在享堂集中候領武器，直開新疆為宜。

4 月 20 日　星期五

　　上午九時舉行省府委員會議，重要決議案有下列數件：

（一）醫務人員優待辦法。

（二）設立護士助產學校。

（三）加強推行地方自治辦法。

日來天向暖，新大樓園中花木萌長。余親自督導整理，或則移植，或則鋸枝，迄今滿園面目一新，公餘遊覽其間，倍感爽目。接總裁急電，以蘇方對喀什蘇聯外交人員為警方拘禁事提出嚴重抗議，特電詢究竟等因。余除急電令喀什專署澈查具報外，並與外交署洽商。蔣經國君今日赴阜康之天池遊覽，並觀光沿途風物，偕行者有葉司令成、胡處長國振，清晨出發，深夜始返。

4月21日　星期六

　　周委員昆田已當選六全大會新省代表，今晨搭機飛
蘭轉渝參加大會。晚與蔣經國君論中蘇外交，余謂中國
左鄰美國，右毗蘇聯，中國必須負起中、美、蘇三國和
平重擔，亦惟中國足當此任。今日中蘇兩國亟宜樹立外
交陣容，蘇方如能產生目光遠大、深切認識中國之大政
治家，從而與中國開誠商談，俾得締結永久和平合作之
方案，樹立兩國百年大計，豈惟兩國邦交得以增密，世
界和平庶幾有望。蔣經國君點首稱是，復曰：「據重慶
蘇聯人士談論，承認伯伯乃中國國民黨之正統，亦真正
可以執行總裁命令之人。」

4月22日　星期日

　　今晨與朱長官談話，歷時兩句鐘。對於伊犁匪亂，
余表示我人無論在南疆、北疆，均應充實軍力，以攻為
守，在消極方面，制止匪焰之蔓延，積極方面，計劃伊
犁之收復，我人決不能因匪軍現態及外交空氣，而抱苟
安倖存心理。縱然將來外交好轉，蘇方放棄支持匪軍，
匪軍若不投順，仍須用兵，若即投順，則如何接收伊
犁，亦必以武力為後盾。旋論及能治兵方能治民一題，
余謂不能治兵焉能治民，曾國藩言之。此語在清時或可
適用，今日為政人才條件甚多，無論政治、經濟、法
律、宗教、科學各方面均須有相當根基，始足應付，除
非高級將領，烏克臻此，今之人潛口古語，抹煞現實，
令人痛心。朱長官對余所言，頗為贊同。蔣經國君今日
赴吐魯番遊覽，仍由葉司令成、胡處長國振伴往，深夜

十二時許返。

4 月 23 日　星期一

　　蘇聯新任駐華大使彼得洛夫來華履新，今日上午十時許由阿拉木圖飛抵迪化，在中蘇機場下機，余親偕蔣經國君、劉特派員、鄧廳長、胡處長往機場歡迎，情況至為熱烈。午後五時彼得洛夫大使蒞新大樓與余正式晤見，頗稱歡洽。下午七時余與朱長官於新大樓設宴為彼得洛夫大使夫婦洗塵，邀蘇、英、美三國領事、蔣經國君、劉特派員、省府各廳處長等作陪，席中式，分三桌。酒過三巡，余起立致歡迎詞，首述中蘇兩國親善之必要，中國抗戰，蘇聯援助最先，感激難忘。而蘇聯對德戰爭之英勇表現，令人欽佩，今後願兩國同為全人類永久和平而努力。末謂以新疆言，中蘇親善與經濟合作，實有利於新疆建設。彼得大使繼起致謝詞，謂本人很欣幸能夠代表蘇聯出使中國，更欣幸能夠經過親善的中國的新疆，而受到很熱烈的招待，非常感激，敬祝兩位主人健康，並祝同盟國的勝利。四座掌聲不絕，直至十時許始席散。

4 月 24 日　星期二

　　余前以職務關係，擬不參加六全大會，並經電陳總裁核示。昨日午後六時接總裁復電，內開：「特急。迪化吳主席：卯寒祕麟電悉。密。屆時如兄可抽身，亦可參加大會也。中正。卯養侍祕印。」余到新半載，諸務亦有面向總裁陳述，暨與中央有關部會洽商之必要，故

擬即赴渝一行。除出席大會外，並附帶辦理下列諸務：

（一）調馬步芳隊伍一案，馬部入新後應如何使用？

（二）彼得洛夫大使赴渝履新，趁此機會謀解決伊犁問題。

（三）駐新軍隊補給及新省財政金融，亟須得一解決辦法。

至赴渝期間，省府日行公文由曾秘書長代拆代行，省府會議由民政廳鄧廳長主持，重大事件可隨時秉承朱長官辦理也。晚間外交署設宴歡迎彼得洛夫大使夫婦，蔣經國君被邀參加。

4月25日　星期三

今晨六時，彼得洛夫大使離迪飛蘭轉渝，余偕蔣經國君、鄧廳長、胡處長等於五時許驅車往中蘇機場歡送。七時蔣經國君一行四人亦乘專機回渝，余順道赴中國空軍機場送行。蔣行前告余曰：「彼得洛夫大使以伯伯為慈愛長者」，此言殊堪玩味。本月間俞部長、蔣經國君、彼得洛夫大使等先後蒞迪，余迎送接待，倍感忙碌。俞部長此行任務為解決新疆軍隊運輸與補給問題，業經商定成立供應處，是其最大成就。蔣經國君初次蒞迪，對新省實際情形已有相當認識，渠本留蘇學生，深知蘇聯國情，將來在新蘇外交上或能有所貢獻。彼得洛夫大使過迪期間，余親往迎送，並隆重設宴招待，其所留印象必深也。

4月26日　星期四

晨大雨。九時半偕教育廳許廳長冒雨視察女子學院及新疆學院。女子學院本部學生僅八十餘人，分三系四專修科：中國文學系、教育系、醫學系、文史專修科、教育專修科、醫學專修科、語文專修科，此外附屬高、初中及高師、簡師則有學生五百餘人。余等抵時值學生早膳時間，爰至樓下飯廳巡視一周，八人一桌，鹹菜一碟，每人開水一盌、饢一方，飲啖之間，狀頗愉快。旋視宿舍、教室，尚為滿意。新疆學院自許廳長兼任院長以來，院務積極整頓，頗有起色，現有本部學生七十餘人，附屬高中學生百四十人，學院部分三系三專修科：文史系、土木工程系、機械工程系、畜牧專修科、國語專修科、師範專修科，另有氣候測量班一班。余依序至各課室向各族學生訓話，勉其用功讀書，備為國用，對漢族同學又寄以學習維語、維文，便利應用之殷望。晚與朱長官談話，歷時四小時又半，大意如下：

（一）關於伊犁問題，如能獲得蘇方諒解，蘇聯態度不外：

（1）在邊境將匪阻擊繳械。

（2）出兵夾擊。

（3）從中調停。

（4）承認自治。

總之我非武力不可，而武力之準備須有三師步兵、兩師騎兵，並須使用自衛隊伍。

（二）伊犁收復後，余與朱長官均表示不願留此，將來人選，或以政治指揮軍事，或則軍政一體，

惟該項人選，殊不易得。最後余與朱長官贊同
須待伊犁收復、阿山平定，始可離新。

4月27日　星期五

　　晨常會討論省財政預算，決定本年度不增加新事
業，以撙節支出，否則惟有減併舊事業，以其經費改營
新事業。滿漢王福晉烏靜彬當選六全大會新省代表，頃
由焉耆抵省，擬與余同機飛渝出席大會。隨烏到迪者有
安健喇嘛，該喇嘛年六十二，曾遊學西藏、青海各大
寺，為焉耆蒙族各寺廟中地位最早之喇嘛，此次伊犁匪
徒竄擾和靖山間，渠親率蒙族健兒出擊，精神可佩。下
午四時宴請第九軍分校第十九期畢業生百餘人於西大
樓。余略致詞，謂諸位在校數載，對軍事學術已樹立相
當基礎，出校後尚須力求充實，並須修養身心，安於下
位，循序漸進。對人處事，尤希緊記本人「天理、國
法、人情」六字，努力赴之，將來安定邊陲，報效黨
國，責在諸位肩頭云。

4月28日　星期六

　　上午視察省臨參會籌備委員會及市政籌備委員會，
順道遊覽西公園暨各招待處。午時返抵新大樓，宴請烏
靜彬、安健喇嘛諸人。關於喀什警方拘禁蘇聯外交人員
一案，經飭據喀什專員公署電稱：本年三月十八日午
後，蘇領館秘書米尼科夫帶駝運入境，經依塘支關主任
王金銘照章檢查，該秘書嚴詞拒絕。王主任為遵照緝私
條例，正當執行職務計，未敢變通，爭執多時。經強制

執行後，由行李內檢獲自動手槍兩支、彈梭四個、子彈
二十九粒、槍套兩具。經該秘書具結後即刻放行，並派
軍警護送等情。查依章檢查，並無不合，具結後即刻放
行，亦屬得體。惟為敦睦邦交計，王金銘已由新疆關稅
務司撤職查辦，及發還槍彈，烏恰警局長姚慎德亦一併
撤職查辦。今日令將焉耆區副專員滿楚克扎布調任建設
廳副廳長，遺缺派拉德那伯的接充，並以格恩丹杜爾為
省政府顧問。

4 月 29 日　星期日

　　晨間接迪化第十六空軍總站電話，謂航委會北恆山
機飛迪途中，於張掖降落待修，頃刻恐不克來迪等語。
余以六全大會開幕在邇，不能久待，爰即電請航委會周
主任、交通部俞部長另行設法派機來迪，俾得於大會
前趕到重慶。新疆第四屆國民參政員，業經國府命令公
佈為劉文龍、桂芬、哈的爾、烏馬爾四人。今日上午九
時，劉、桂兩參政員聯袂過訪，聚談甚歡。劉謂：「清
劉錦棠治新，一次裁撤冗員八十餘人之夥，全部資送口
內。」足證建設新疆須賴幹練人選，無能之輩離此為
宜，已有先例。桂曰：「曾奉楊增新命校閱副業篇兩
冊，事涉與民爭利，未予發表，今日本省軍政人員兼營
副業者比比皆是，軍隊行之尤甚，此風不可昌也。」英
國駐迪領事刁茹樂奉調回國，遺缺以成都領事 Graham
（戈蘭漢）繼任。今晨十時半，刁領蒞新大樓辭行，並
面謝在迪關照盛情。余乘便重申中、英兩國敦睦之重要
性與必然性，及中國地大物博，決無向外侵略之誠意。

余又贈相片一幀，繡花紅綢桌面一幅，刁領受之喜悅逾恆，握手互道珍重而別。

4月30日　星期一

　　據空軍總站消息，航委會已另派岷江號機由蘭飛迪接余赴渝，約期明日可抵迪。今日先後與省府各廳處長接談，指示各部門工作要點。關於本年度省政經費預算（包括保安部隊經費），業經財政廳編造完竣，由余帶渝呈報，預算總額達新幣六十億元，折合法幣三百萬萬元。如此龐大數字，洵屬駭人聽聞，考其原因凡二：一因本省舊有架子太大，一時無法完全緊縮；二因本省物價高漲，每一舉措需費浩繁。而其最基本原因則為物資奇缺，運輸困難，有以致之。如何渡過今歲本省財政經濟嚴重難關，實為本人最焦心急慮之點。目前欲增加運輸、充實物資，似甚渺茫之際，本人猶當以最大努力，一面撙節開支，一面從稅收上杜絕走漏中飽焉。

5月1日　星期二

岷江號機今日已飛抵哈密，明晨來迪接余赴渝。奇台縣長邱璧山侵吞公款，仗勢欺人，種種不法行為，證據確實，決定予以撤職查辦，遺缺由盧桂森接充。盧係蒙藏委員會蒙藏政治訓練班卒業，服務西北多年，情形熟悉，又諳哈族語文，最近奉派在奇台協助駐軍工作，與軍民各方相處甚洽，並已與當地漢商女締婚，今其接充縣長，堪稱人地相宜也。歐洲戰事急轉直下，蘇軍已佔柏林什九，希姆萊向英、美求和，希特勒、墨索里尼、戈林、戈培爾均有被殺之傳說。法西斯集團之毀滅已現目前，侵略國家終至失敗，天網恢恢，真理猶在人間，於焉可見。

5月2日　星期三

岷江號機今晨八時許飛抵迪化，余等原定即時乘該機，奈因發動機檢查需時，晨後大風不止，不得不俟諸明日。晨間朱長官蒞新大樓晤談，對於蘇聯之看法及應付新疆之意見，我等兩人頗多雷同。竊維蘇聯國策，在於沿蘇聯本土各外邦造成隨從，蘇聯政府以為其國防外圍，中國新疆、內外蒙、東三省自難例外。其對中國之策略：在新疆策動各宗族叛變而盡力支持之，在內地則支持共產黨。我人應有對策：第一、運用外交，俾其不能揭開真面目之衝突；第二、盡各種方法（包含威、德兩方面）減少民族間之仇視，對於新疆軍事應以全力維護交通，保持重點，研究運輸補給，相機收復伊犁。余與朱長官兩人復共同表示，余此番重慶之行，關於新疆

軍事、外交、財政、經濟諸端，必須獲得一相當結論，
庶幾不虛此行也。周委員卯東電告：此次大會選舉禁止
一切活動，完全由總裁統籌支配，以示公允，而臻團結
等語。

5月3日　星期四

余決定今日飛蘭轉渝，晨四時起身，略進飲食。旋
朱長官一民來訪，並同至機場歡送，當告以在余離新期
間，省府政務由曾秘書長小魯代拆代行，省府會議由鄧
廳長翔海主席，如遇重要公務，隨時請朱指示辦理。專
機於五時半起飛，由迪化至嘉峪關飛行甚為平穩，過嘉
峪關後，氣候驟然轉劣，飛機劇烈波動，同機乘客幾皆
嘔吐。余很少暈機，而此次遇此氣候，嘔吐不止，氣息
奄奄，言語亦覺困難。午後一時半到達蘭州，身心極為
難受，在機場稍事休息，即驅車回寓，但仍感難受，待
服強心劑藥片小臥之後，始漸恢復。青海辦事處房屋甚
為寬整，余家借住該處，渥承厚待，盛情可感。五時後
高監察使一涵、黃特派員朝琴、楊委員德翹、馬主席之
代表冶處長成榮等相繼來訪。冶處長談青海出兵新疆
決無問題，馬主席準備俟余回新過蘭時來蘭候晤。旋
又分別接見新疆省府顧問馬廷驤，暨該省商民、學生
等多人。

5月4日　星期五

余身體已康復，晨偕烏代表靜彬、馬顧問廷驤等赴
機場登機。九時起飛，下午一時到渝，在九龍坡機場降

落，來迎者有樵峯、偕子四十餘人。余借往上海銀行總行海光樓，午後張文白、徐可亭、宋希濂、趙芷青及來賓多人陸續來見。晚間樵峯兄來商談修築南疆公路問題甚久。

5 月 5 日　星期六

六全大會於午前九時開幕，準時前往。蒞會中委及代表六百餘人多係熟人，久別重逢，倍見親切。開幕後由總裁主席，並致訓，首述此次會議意義之重大，復以三點勗勉同志：

（一）加強戰鬥力量，爭取最後勝利。

（二）確定實施憲政，完成建國大業。

（三）改善民主，貫澈革命終極目標。

詞畢奏樂，禮成，休息卅分鐘。續開預備會議，宣讀大會議事規則，並由總裁提出居正、于右任等卅六人為大會主席團，十一時散會。應文白兄約，在其寓所午餐。嗣訪偕子，聞王季文兄來渝，隨同往晤談。渠對於廣西問題多所論列，並謂當局現如有所垂詢或加任用，自當仍予效力，否則即擬入峨眉山學佛云云。

5 月 6 日　星期日

本日大會停開，余未外出，因來賓多，仍未獲休息。午後與偕子兄聯名函呈總裁，對於大會邊籍中委之選舉，應表示博大，多予延攬，並提供名單，計章嘉等十三人，聊備總裁參酌。嗣陳希豪來談此次中委候選人將提選之權呈由總裁統籌支配云云，彥龍及烏代表兩條

即交希豪帶去，今為彥龍競選事，決定函果夫轉請總裁
提渠為後選人。

5月7日　星期一

　　晨函請果夫、立夫轉請總裁提彥龍為中委後選人。
上午九時在會場舉行紀念週，總裁訓話，略謂對於本黨
過去之功罪應加以檢討，各同志對於幹部之選拔未能盡
力，各同志間互信未立，仍不免有自私自利之企圖云
云。嗣舉行第一次大會，總裁主席，吳鐵城先生報告黨
務。下午二次大會，吳鼎昌先生作政治報告，程頌雲先
生作軍事報告，散會與盛晉庸同來寓所略談。旋赴總裁
處晚餐，僅約余與谷主席兩人。余僅略談治新情形，至
於收復東北、安定西北計劃，因知總裁過疲勞，僅談數
語，並說明遲日再行詳談。

5月8日　星期二

　　第三次大會上午九時開幕，戴傳賢先生主席，秘書
處宣讀第一、二次大會記錄後，全體通過臨時動議，欣
聞德國投降，大會通電盟邦致賀案。嗣由程頌雲先生繼
續軍事報告，後各代表為黨務質詢，十二時半散會。下
午傳主席來談，晚纕蘅兄及道叔姪來寓談甚久。報載墨
索里尼遭其國人刺殺，希特勒陣亡，英美聯軍對日作戰
人數達一千萬以上，在歐軍人即將東調。舊金山會議除
波蘭問題、國際託治問題尚未妥協外，其餘各問題仍在
順利會商中。

5 月 9 日　星期三

第四次大會上午九時舉行，孫哲生先生主席，各同志曾作黨務檢討與質詢，先後發言者達五十餘人，各就政綱、政策及組織⋯⋯諸端提出檢討質詢，於十二時半散會。下午三時舉行第五次大會，作政治檢討質詢，余未赴會。三時佶子兄偕芋龕來寓所，余並派車迎季文兄來，暢談甚快，至晚八時始去。

5 月 10 日　星期四

上午九時開第六次大會，鄒海濱先生主席，繼續軍事質詢。嗣總裁訓話，對於數日來舉行之大會加以檢討，認為各同志多僅注意小枝末節之問題，而未能在黨或國的根本問題上有所發揮，其尤錯誤者，乃在大會上攻擊個人，殊失本大會莊嚴之意義。後述及黨、政、軍今後應提拔優秀幹部，並指示提拔標準四點。訓畢，主席團將中委選舉法提出，通過，散會。余上總裁一函，敘明昆田已報名參加中委候選人，函交由果夫代陳。

5 月 11 日　星期五

上午九時舉行第七次大會，張溥泉先生主席，翁文灝先生作經濟報告。首述抗戰以來政府對於經濟建設之措施：（一）工廠內遷；（二）增加後方工廠動力。繼論國營事業之政策，係奉總理節制資本並發達國家資本之遺教。復報告對民營工礦事業之方針，政府曾予以貸款，計已超出民間資本之數云云。旋討論提案，通過陣亡將士遺族之撫卹，及增強淪陷區反攻力量等項，後聽

取上海等市黨部代表工作報告，十二午散會。晚與馴叔
談哲學，伊對於惟心、惟物理論分析甚清且詳，蓋因其
天資高也。

5月12日　星期六

　　今舉行第八次大會，李德鄰先生主席，聽取山東等
四省黨代表工作報告。旋通過組織特種審查委員會，由
張文白等三人召集，十二時散會。晚赴總裁招待盟邦使
節之茶會，到七百餘人。總裁致辭，首述今慶祝歐洲勝
利，因勝利乃同盟國戰士或存或歿所作之英勇努力及其
犧牲，必將為後世之人所感激懷念，而永不能忘者也。
嗣述及納綷之崩潰、日寇之命運各情。余感嘆良深，蓋
以吾儒家以禮讓為國，以世界大同為歸，而日、德、義
三國有少數野心家妄信武力，釀成大戰，致無辜而遭慘
死者達數千萬人。方其勝時，氣慨不可一世，現墨、希
兩氏已死，而日之武力行將崩潰，其內心之顫慄與悲
哀，已充分暴露於世人之前，又何其慘也。故余益信先
哲之道矣。

5月13日　星期日

　　今大會停開，晨與季陶晤談。余謂伊向以佛教聯系
邊疆，余以政教辦理邊事，似均有相當收獲。惟昔年有
人妄加主張，致遭德王叛變之事，近又有人不察邊情，
多所主張，給中樞增加困難不少。渠甚贊同余言。盛晉
庸來，云近發見反對伊之宣傳品，曾著駁斥之文藉以聲
辯，余勸其聽其自然，而流言自息。伊前由新運出衛兵

及私物，請余補發路費貳仟萬元云云。

5 月 14 日　星期一

　　大會舉行總理紀念週，總裁作外交與內政之報告。
略記要點：
（1）共黨企圖成立聯合政府，或成立民族解放委員會。
（2）中國在美國與蘇聯之間，必須中國能獨立自由，
　　　而後美蘇之友誼始可強固。
（3）邊疆方面，外蒙、西藏應予以高度自治，新疆維
　　　族應使其在文化、經濟上有自治權。
（4）外交應遠交近親。
（5）內政鞏固現有統一，增進反攻力量，定期召開國
　　　民大會，實施縣政。
嗣開第九次大會，下午舉行第十次大會，討論憲章，費
時極多。何敬之報告湘西大捷，余感覺領空權已屬於
我，此後擊潰敵人，收復失地，益具信心矣。

5 月 15 日　星期二

　　今分上下午舉行第十一、十二兩次大會，討論本黨
總章。關於修築南疆公路事，余與俞部長樵峯云，此路
在軍事上確有修築之必要，惟由敦煌至洛羌之一段，人
煙稀少，飲料缺乏，土匪出沒無常，修築此段公路必須
有大宗款項、有大量交通工具，多派工兵，或可克服以
上種種困難。俞允注意此事。

5月16日　星期三

上午舉行第十三次大會，討論本黨政綱提案，多注意民生問題。下午舉行第十四次大會，係討論地方自治及有關僑務之提案，余未出席。余與大公報總編輯王芸生先生暢談邊事達二時半之久，余述及：（一）邊疆政策；（二）治新情形；（三）廿九年余奉命入藏收回西藏宗主權。王謂，余適所談，極感興趣，實為聞所未聞云云。

5月17日　星期四

上午第十五次大會，經到會同志一致推舉蔣主席繼任本黨總裁。下午第十六次大會，關於動用凍結美金之提案，及中共問題之審查報告，均經通過。又新疆省代表麥斯武德於討論邊疆提案時發言，略謂盛晉庸在新十餘年，慘殺無辜人民十二萬，並謂其係世上最貪之人，經將新省公私財產搜括殆盡，現在民不聊生，盛氏應負其責，請本黨開除其黨籍，交由政府懲以應得之罪云云。頗得會場一般同情，有高呼嚴辦者。

5月18日　星期五

上午舉行第十七大會，今為英士先生逝世紀念日，全體起立默念。余以目睹先生曩年死難情形，追懷往事，倍感神傷。旋由秘書處請總裁訓示，總裁略謂，盛晉庸對國不無有功，希望各位同志勿再加責難。嗣作政治報告，並為吾人推渠連任總裁事，向吾人致意。後開會通過本黨政綱政策案。下午開會第十八次，為促憲政

實施，通過要案五件。晚赴蘇大使彼德羅夫約在使館進
餐，未作外交上意見之交換及探討。

5 月 19 日　星期六

　　今舉行第十九次大會，議程完畢，進行選舉，總裁
親臨主持，謂前次所決定之 360 人尚嫌過少，擬增至
460 人，並訂選舉辦法兩項，均經一致通過。選舉時發
見昆田名字列在 480 人之內，惟綏、蒙未列一人，會後
余即函呈總裁補救，請提沙克都爾札布及榮祥兩人。總
裁今晚召集聚餐，未往，嗣聞總裁係就大會進行中之各
點加以解釋，以免誤會云。

5 月 20 日　星期日

　　今與財部魯次長商談新疆財政問題，計分要點六
項，彼此意見相同，但仍待其答復定案。余擬離開新
疆，已將此函密呈總裁，並面呈要點七項：一、新疆情
勢；二、軍事；三、調馬部入新；四、供應機構；五、
官兵待遇；六、墊付款項；七、設立南疆行署。據少魯
電稱，蘇聯總領事請將中國運交蘇聯之貨物由猩猩峽、
哈密，經迪化、烏蘇，改由塔城公路運往。一民兄對此
有兩點考慮，余已轉呈總裁備案，並函外交部，俟准，
函復辦理。

5 月 21 日　星期一

　　大會上午舉行總理紀念週後即開會，由總裁宣佈第
六屆中央執監委員選舉結果，並讀大會宣言，遂即閉

幕。今與俞樵峯、陳辭修、徐可亭三部長及有關各署處
長官商談新省各事，結論如下：一、由中央撥車二百輛
交省；二、冬服款照匯；三、另撥車五十輛修路；四、
糧食照屯哈密；五、供應處決設立，惟運輸事，戰運局
及後勤部均在推卸未決。辭修等云新疆黨政軍要一元
化，勸余主持全局，余笑而未允。

5月22日　星期二

　　盛前主席命其駐京代表張元夫向華原廠訂購之糖，
尚有一百噸未交，該廠蕭經理前託陳果夫昆仲代向省府
駐京辦事處斡旋。本日陳勤士昆仲以故交之誼來談此
事，余答以照貨速交，無不樂於成全，請渠研究善策見
告決定。總裁約各地軍隊出席大會代表約三百人，在軍
委會午餐，余亦被約前往，總裁向各代表訓話，並勗
勉各軍官努力，說話有一時半之久。余晚間參加各省
主席駐京代表，聯合招待出席大會各省主席之茶會，
賓主甚歡。

5月23日　星期三

　　劉雲瀚來談供應處之運輸，非撥車三百輛不能辦
理，並須由戰運局負責。余以電話與俞樵峯部長洽商，
彼以應歸後勤部負責，無法解決，余遂簽請總裁核示。
又劉以事難辦，已向軍政部辭職云。余接中央黨部函
知第六屆中央執行委員會定廿八日開會，余現決定準時
出席。

5 月 24 日　星期四

余昨夜胃痛，服凡拉蒙一片，始漸止，今頭痛終日
不舒。蒙藏委員會蒙藏訓練班學生十餘人來請訓話，余
略謂為人之道要在大處、遠處注意，蒙藏係邊疆較大的
地方，黑龍江、伊犁係邊疆較遠的地方，關於各地之種
族、言語、風俗、宗教、經濟、教育等等，在平時要多
加研究。並謂邊疆事務現漸開展，你們祇須能苦幹，其
前程一定很大，如有機會，我亦願選拔你們至邊疆服務
云云。

5 月 25 日　星期五

財政部魯次長白純來談，關於日前商談新疆財政要
點六項，除發行統一國幣一項，改為改發中央銀行地名
券外，其餘各點均可照辦，並擬由財部及省府會呈總裁
備查。余與偣子兄約昆田、芋龕、寶卿、慶宗、葆青諸
同事在三號午餐，暢談邊疆問題，彼等見解與余意見相
同，甚快。

5 月 26 日　星期六

關於邊疆民族自治問題，六全大會已有原則上之決
定。余以有人對於上項問題，每不按現時邊地實際情
形，多所主張，發表意見，余恐實施時稍有不慎，則貽
誤殊多也。今與偣子兄將余等意見條陳總裁，以備參
考，上項意見共分邊疆自治之原則，及邊疆自治之限度
兩項。余勸季文兄現在宜少會客、少說話，遇機則為國
效力，無事即多閱佛書，此亦儒家用行舍藏之道也。伊

頗以余言為然。

5月27日　星期日

　　關於組織新疆省參議會一案，余前在迪時，業經通令各縣民選參議員，現已選定一百二十人，由省府彙造名冊二份寄來。余就其中推薦色益提艾買提為議長、胡廷偉為副議長、劉永祥為書記長。上項名冊已呈院，俟核定參議員六十人、後補參議員三十人後，即由省府定期召集。鄉人闞家駒下午五時與桐城姚女士瑞軒在合作大會堂舉行結婚典禮，請余證婚，余準時前往，並致祝辭，其儀式甚為隆重而富麗。

5月28日　星期一

　　上午舉行國民黨第六屆執行委員會議開幕典禮，余往出席。總裁致詞，勗勉吾人繼承總理遺教，向前邁進，詞意精闢，感人至深。新任中委李永新來訪，謂將在全會提出成立蒙古自治政務委員會一案。余告以中央對邊疆，目前旨在求其安定，毋庸多所更張，使其陷於紛亂，伊云願聽余言。余與暢論邊地情勢，約四十分鐘而畢。

5月29日　星期二

　　余與王季文兄云，自對日抗戰以來，你即顛沛流離，現勝利在望，目前你能來至陪都共待勝利之到來，此層收穫良屬偉大，望珍重此種收穫，勿活動、勿躁急。彼深以余言為然。余贈伊佛像一座，彼云此乃定心

之具，此言蓋深悉禪理也。晚應莫德惠、蕭仙閣之宴，蕭暢論九一八及盧溝橋事變後華北之情形頗詳。

5 月 30 日　星期三

余現靜待與總裁晤談，以便決定余對於新疆之進退，並可即行解決新疆軍事供應與新省外交、交通預算，及參議員名額、青海騎兵入新諸問題。余近兩日精神欠佳，故未出席大會。

5 月 31 日　星期四

余今出席第三次大會，經大會票選宋子文為行政院長、翁文灝為副院長，嗣舉行大會閉幕禮。中午總裁宴請，到余與新疆代表五人及馬廷驤、陶峙岳。馬獻小麥二百新石，頗邀嘉許。餐後客退，余獨留，談約四十分鐘。綜其要點：（一）安定西北，收復東北；（二）外交；（三）軍事；（四）軍政一元化；（五）調馬部入新事；（六）新省預算；（七）新省參議員等項。嗣談及季文、可亭等事，余後又云，我甚望能在某方需要奔走或收拾某種局面、調停某種局面時，為你有所努力。

6月1日　星期五

　　新省特種案件審判團主任余廷襄來函，略謂上年新省陰謀暴動嫌疑案：

一、陳白東等四名另案辦理，諒無其他。

二、黃如今等二百三十名已判無罪。

三、柳正欣等八十五名不付軍審，已奉委座電准云云。懸案既決，彼無幸被禁錮與刑處者，此情已大白於世，嗚呼慘矣。政院參事陳克文云，新省參議員名冊即可提院會圈定，俟此件送到，當轉新即予召集。

6月2日　星期六

　　張文白兄云，伊本可赴新，惟以當此動盪時期，如在青黃不接中發生變亂，殊感應付困難，似仍以維持現狀為佳，伊暫不願赴新，意甚明顯也。劉雲瀚來，謂擬即率三數十人飛迪設立供應局，本人任局長，羅鑑、沈沂兩人副之，並將在烏蘇等三地設分局，運輸由西北公路局負責。李溥霖來新省，往事個中經歷，語多透闢。午後與季文閒談總裁對彼之愛護，亦開誠告之。汪世銘初由昆明來，談西南情形甚詳，國步正艱，有待吾人之努力者仍甚多耳。

6月3日　星期日

　　裴季浩之夫人來，云季浩以辦理黔桂鐵路運輸事務心力交瘁，遂染沈疴，竟於今春逝世，並謂子女眾多，託余照料。余加以安慰，並派人送款接濟，以求吾心之安耳。上海銀行今舉行卅週年紀念，憶光甫兄當年創辦

此行頗費心力，伊今竟成為吾國金融界之權威。余現借
住該行總行，躬逢其盛，亦欣慕焉。

6 月 4 日　星期一

　　晨赴各處訪友。下午劉雲瀚君來訪，謂已決定赴新
組織機構，余告渠供應局事，吾已囑曾秘書長及周委員
隨時予以協助，並囑彥龍準備返迪，劉表示欣慰。

6 月 5 日　星期二

　　晨十時謝叔傑電話，云頃於九時，有數人突入王季
文兄室，扶王出門登車，以去隔一時餘，又來迎王之妾
同去。余聞訊甚念，蓋以季文平時來往人太複雜，且無
目的亂發議論，頗易招禍也。

6 月 6 日　星期三

　　李德鄰兄來訪，謂對季文事因情形不明，營救不宜
過急。又云新疆方面之外交，一時似不易辦好，勸余能
不赴新亦可不去，其一種愛護之忱，令人可感。伊現任
漢中行營主任，所有第一、第五、第十等三個戰區，均
歸伊管轄，其在北方所負之責，不為不大也。

6 月 7 日　星期四

　　彥龍今乘機飛蘭轉哈，再候機飛迪。奉委座電，今
騎五軍即開入新，余即面告青海省府馬秘書長電轉馬主
席遵辦，並電知曾秘書長。余來渝一月，關於新省軍隊
之供應及調騎兵入新兩事，近始決定，私衷甚慰。

6月8日　星期五

關於設立省府南疆行署一事，委座前主設於哈什，余亦主張設在該處，並經面陳。現徐部長永昌簽呈委座，擬設於庫車，院秘書長張厲生就商於余，吾託其轉陳，仍設於哈什為宜。報章近載，美每日以巨機四、五百架襲擊日本本土，如東京、大坂、九洲、名古屋等地已被摧毀其五分之四，各地人民無家可歸者共約四、五萬人，亦云慘矣。此乃日本軍閥誤信武力侵犯吾國，及偷襲珍珠港、強佔英領土之惡果也。

6月9日　星期六

關於蘇聯駐迪領事前請將中國運交蘇聯之貨物改由塔城運往蘇聯一案，據省府電稱，胡特派員已作私人談話，向請該領事對伊亂予以友誼協助，復謂事前已轉電莫斯科，應俟回復，至塔城路線則希早日通行云云。觀此，彼方對伊亂並無協助之意也。又據省府報告，本省保安司令部現已擬具縮編辦法八條，準本月底施行，余已復電照辦矣。

6月10日　星期日

第四十集團軍副總司令馬步青及騎五軍軍長馬呈祥即返青海，余特為伊等餞行。步青乃步芳之兄，手足不睦，呈祥請余勸告雙方和協，經向步青勸告矣。呈祥回青後，即率騎五軍入新助平伊亂。余曾勗勉兩人為國效力。

「據省府電陳縮編本省保安司令部辦法八項，余察核尚

可，已復電照辦矣。」上兩行記重。

6 月 11 日　星期一

　　接省府電稱庫車、沙雅、輪台、新和等縣代表多人
到迪候見，瞬已近月，因余歸期未定，可否準其先回云
云，同時蒙古方面亦有代表二十餘人候見。余現回電轉
囑先回亦可，似有負來者，誠殊耿耿余心也。接迪電謂
阿山方面喫緊，已派飛機及卡車運濟糧食、款項，和靖
山中亦有激戰云云。

6 月 12 日　星期二

　　前遠征軍總司令、現任軍校主任宋希濂君來訪。余
以其係青年有為之將校，且有志於邊疆，故曾將余多年
以來治邊政策及經驗，暨襄歲在邊疆之收獲，與夫近在
新疆之設施之一切經過，暢談二時半之久。伊聞之至
感興奮，午餐午始欣然返去。衛立煌來函報云伊訂於本
月十六日，在昆明與韓女士結婚，並謂各方親友多未通
知，以公垂愛素深，敬以奉聞云云。余已馳函告賀矣。

6 月 13 日　星期三

　　中央幹部學校蔣教育長經國函薦該校最近畢業學員
王致增等六人赴新服務，余見該生等氣宇頗佳，允其前
往，並擬畀以相當職務，伊等表示願為邊疆效力，已早
具決心矣。舊金山會議關於託治目標之爭執頗久，以
英、法等國主張自治，而中、美、蘇則主獨立。自制與
獨立顯然意義不同，蓋前者係殖民統制之舊念，後者則

含有民族自制之新精神，現後者已獲該會通過。余以此
一決定予殖民地之民族求解放之助力，實屬不少也。

6月14日　星期四

　　青海馬主席電請余轉請總裁飭由肅州撥濟騎五軍糧
秣，業已代請，並經電復馬主席矣。彥龍十一日到迪，
來電謂阿山匪情近無變化，和靖亦趨平靜，前過哈密與
鐵軍兄敘談，渠甚望余早回，朱長官對余歸期亦甚置
念云云。又電云「兆麟先生近經姚處長尋源等介紹，在
阿姨同意下，與劉博女士訂婚。劉女士品學俱優，性情
和淑，思想純正，能苦耐勞，與兆麟先生結合，洵極相
宜。謹此奉陳，尚乞示復」等語。余復電謂「文電悉，
兆麟婚事既雙方願意，阿姨同情，信更贊成。特復。」
蓋余早望其成家，又企其立業也。

6月15日　星期五

　　上午十時謁見總裁，仍命余回新，並談及外交、軍
事及回新後應辦三事：一、趕速成立省參議會；二、赴
南疆視察；三、草擬新疆分省計劃。嗣談及久在中央供
職之迪疆人士，頗有因思想之不正確，而反增加中央
麻煩者之情形。余最後並云，吾年事已高，筋力不及，
不能久任，新疆繁劇，務請準備替人。此次會晤暢談達
二十分鐘，彼此精神均感愉快。

6月16日　星期六

　　上午偕偌子兄赴南溫泉看陳果夫兄病，便中曾談及

新省黨政人事情形。蔣經國君曾於上午十時來訪，適余
外出，由魯書代為接待。蔣謂係奉總裁之命來謁，並詢
余何日起程、隨行人數，以便準備飛機。余午後與通電
話，告伊擬本月二十一日啟行，伊並介紹分發新疆服務
之幹部學校學生六人同行，余當即應允。

6 月 17 日　星期日

　　侍從室情報組組長唐縱來見。余與談新疆黨、政、
軍近情，並述及余將來收復內蒙暨東北三省之辦法，伊
頗以余之計劃為然。晚赴陳光甫之夫人之宴，得與銀行
界暢談世界經濟及淪陷區之金融情形。蓋此席專為我而
設，賓主盡歡始散。

6 月 18 日　星期一

　　午後接見阿旺札巴嘉錯喇嘛，伊早歲由新赴藏學習
經典達十八年之久，佛學湛深，得格西學位。前由藏來
渝，擬即返新，鉅料神精失常，曾經一度跳樓，右臂骨
斷，現雖將愈，而神智尚未復原。余念其為病魔所纏，
特准其搭余飛機回新。伊並以留藏同伴喇嘛為念，余允
予救濟，渠已安心，一再表示謝意。晚假桂園宴中央各
部部長，關於新疆之財政、交通、糧食、軍事等問題，
均經分別與各部長商談，大致就緒。

6 月 19 日　星期二

　　上午美人羅斯福上校來見，由東曙任翻譯，上校係
老羅斯福之後裔。談頗久，伊並詢新疆現在有否民族糾

紛，余答新省民族彼此相安，並無糾紛，伊云擬赴新一遊，余表示歡迎。陳部長立夫來訪，暢談新疆黨務，關於區域與機構，伊擬有所改革，余以為然。中央高訓班有同鄉學生六人來見，余首述吾人體格之鍛鍊，繼談世界形勢，關於日本之文化及其民族性論列尤多。暢談一時廿分鐘之久，始別去。

6月20日　星期三

宋院長今剛美國返渝，即約余晤談，並留晚餐。伊擬日內仍乘原機，經伊朗赴莫斯科，商洽中蘇邦交。此行關係極巨，託余電召迪化外交劉特派員來渝，以便同陣赴蘇。今晤中國銀行副總裁陳行，據謂吾國去年今日日祇發行法幣壹萬萬元即可敷用，近須印行拾萬萬元，如此以往，前途實有不可之勢云云。今來賓極多，至夜十一時半方睡，精神至感疲憊。

6月21日　星期四

今日午後二時半由渝飛蘭州，蔣委員長代表錢主任大鈞及羅委員長偖子等至機場歡送。飛機於六時正安抵蘭州，同行之烏代表靜彬等廿人，分住於社會服務處新疆貿易分公司。前與馬主席子香約定於西寧晤面，因蘭州現無小型飛機可乘，臨時商定明日在西寧、蘭州間之享堂晤面，並定當日返蘭。

6月22日　星期五

晨六時偕同青海駐蘭辦事處祁處長萬秀乘車赴享

堂，十時半抵時，馬主席子香已先至。談話大意如下：
（一）騎五軍入新後，當擇出產馬糧之區駐紮，並配合
　　　步兵。
（二）馬主席表示為加強甘、青、新三省聯絡，最好由
　　　青海派兵駐敦煌，余允回新與朱長官商量。
（三）戰後我國工業必展，青海於此應預儲備。
談話歷三小時。午後六時返抵蘭州，訪晤谷主席、高監
察使等。晚谷主席、何局長、張參謀長等相繼來談，
十一時許始得休息。

6 月 23 日　星期六

　　上午六時半離蘭西飛，九時抵嘉峪關降落加油，十
時半離嘉續行，午後二時半抵迪化。朱長官、宮清大喇
嘛暨省垣各機關首長等數十人均到機場迎迓。五時招外
交署劉特派員談話，劉奉宋院長召，定明晨離迪飛蘭轉
渝。晚間招待馬軍長呈祥晚餐。馬日前來新洽商騎五軍
入新駐地及給養，明日飛蘭回青，將親率該軍入新。其
人少年英俊而老成，前途有厚望焉。

6 月 24 日　星期日

　　和豐蒙族代表宮清大喇嘛等一行二十五人抵迪有
日，余於午後三時在新大樓接見。談及和豐夏律瓦活佛
轉世事，宮清大喇嘛希望早日舉行。此事余已邀得青海
馬主席子香兄贊助，頃望主持人員及早赴青，否則天寒
路遙，不易行走。五時往訪朱長官一民兄，告述赴渝各
情，並擬作南疆之行。晚與供應局劉局長雲瀚、副局長

沈圻談話，共商新省交通運輸問題，結果猶無具體之解
決辦法，令人憂之。

6月25日　星期一

　　保安司令部高級參謀羅戡氛一行宣慰南疆將歷三閱
月，日前返抵省垣。今晨聽渠報告此行經過，歷三小
時，結論謂：

（1）南疆各地安頓，可暫保平安。

（2）南疆各地舊有部隊，決能服從中央，無他顧慮。

（3）南疆各族同胞，經政府半載餘之努力，民心向
　　　歸，已無問題，尤其各寺阿洪，擁護政府慇切。

　　午後先後接見額敏蒙族代表黨曾大喇嘛、烏蘇札克
沁旗蒙族代表嘉拉蘇布活佛等。查額敏全境蒙族有十個
蘇木，總管名巴特農，轄蒙胞四千、喇嘛六百。嘉拉蘇
布原籍外蒙科布多，外蒙獨立後大義入新。渠謂余非
人而神，佛教中之大聖，願余久留勿離，其誠情至可感
動。午後四時，金在冶兄率同哈族頭目胡賽音來見。胡
原籍鎮西，前次新省政治關係率部離新，滯留甘、青、
新邊境有年，頃聞省府改組，爰歸省輸誠，日內將回加
師牧地。余面囑協助，並保護南疆公路新段之修建。旋
談加師地方之富庶，其地氣候溫和，樹木茂盛，水草豐
美，動物繁殖，誠青、新、藏交界處之寶藏，經營新
疆、經營西北之重要基地，在經濟與國防上價值均大。
晚與各廳委、處長談話，討論調整公教人員待遇及被沒
放財產之清理問題。

6 月 26 日　星期二

晨與迪化警備司令葉成談話。據告本市某部士兵三名強姦婦女，已處極刑，對於軍風紀之整飭，正加緊推進中云云。余甚為贊同，今日士兵待遇已提高，生活已改善，軍風紀之整頓端在此時。午後與宮清大喇嘛二次談話，關於喬嘉甫親王再醮事。渠謂喬年輕無子，決心再嫁，惟再嫁後不能為王，或有建議廢王後添設三旗三札薩克，但蒙民不願廢王，似可以喬之兩女（均非喬親生）擇一招贅云云。余告曰現在政府對王位之存廢，聽其自然，對札薩克制度則承認，此事猶須詳細研究，總以使旗下平安、蒙民歡慰為原則。晚宴在迪蒙族領袖代表，到喬嘉甫、烏靜彬、宮清、嘉拉蘇布、呂樂甫、黨曾等四十餘人。

6 月 27 日　星期三

晨各族頭目紛至，慰問渝行辛勞。馬良駿大阿洪云在余赴渝期間，盛傳余將離任不復來，群情悵悵，幸其重回，人心大定云云。余繼談家世，謂余出身農舍，一齡喪父，七歲無母，幸克自持，而有今日。馬曰穆漢默德在母腹時，其父即亡，生後母亦見背，遭遇與余同。午後接見公路局胡副局長白華，渠係隨羅戡氛宣慰南疆回來，據稱：

（1）為補救南疆交通困難起見，塔里木河水運可以試辦。

（2）南疆蠶絲業希望遠大，應予推廣。

（3）南疆對英印貿易重要，目前由貿易分公司辦理不

　　能勝任，應設專管機關為宜。

（4）焉耆蒙族經濟奇窘，應從解決土地問題著手，以
　　　資補救。

晚宴胡賽音。

6月28日　星期四

　　昨得庫車急電，謂匪徒猛攻鐵兔買克大坂，請速派
援等情。爰即與朱長官商量對策，決定派保安司令部代
參謀長向超中（騎兵第十一師師長）前往南疆料理，由
羅戩氛暫代參謀長職務。英國駐迪新舊領事高蘭漢、刁
茹樂於上午十時來會。此係高領事之首次拜晤，高留華
有年，操國語甚流利，溫文知禮，有學者風味。新省本
屆國民參政員，業經中央指定公布為劉文龍、桂芬、哈
的爾、烏邁爾四人。第一次全會定七月七日在渝召開，
劉、桂二氏因年高體衰，不擬出席，哈的爾將由蘭逕
往，烏邁爾定日內由警務處副處長馬雲文陪同飛渝。今
日烏邁爾來謁，歡談二小時。渠頭腦清楚，思想正確，
不勝欣慰。

6月29日　星期五

　　余以南疆氣候炎熱，乘車白日行駛，車胎往爆裂，
故南疆之行暫作罷論。上午十一時美國駐迪領事華瑞德
來談，對於伊犁事變近情，余謂新疆久亂，人民望治心
切，匪卒不能恣意作為，華領亦認事變之不擴大，的
是不易。晚宴維族宗教領袖乃孜爾大阿洪等，談及宗教
偶象問題，余謂佛教雖有偶象，但至至高境地，亦無偶

象，伊斯蘭教之真主，真者率真無疵之謂，清真則指真之至清至純。乃孜爾等均曰，主席真是大毛拉。

6 月 30 日　星期六

午後見客二十餘人，中有賽大合買提阿吉，塔城烏孜別克族。彼告伊犁匪方現以大卡車二百輛專車運送伊區民間糧食、牛馬等物資至蘇境，復強徵青年服兵役，人民異常恐慌云云。晚與朱長官談話，據告：綏來西山匪勢不小，經我增兵進剿，匪已入山，雙方傷亡均重，我閻團長志發殉職。精河方面有維、哈等族匪軍二百名向我投誠，另有歸化族匪眾百名遁走云云。余曰將來秋高馬肥，敵必再度大規模蠢動，我應先事準備，又希青騎軍早來。

7月1日　星期日

　　晨偕迪化市政籌備委員會主任委員張宣澤巡視迪化市政建設，午後一時許返舍。迪化暨附近各縣久已不雨，已呈亢旱現象，農民望雨殷切。今晨陰霾四佈，午後三時果然雨降，迄晚始止，人心稱快。

7月2日　星期一

　　得塔城平專員、徐師長馬電，略稱烏宗不拉克方面，自我軍棄守後整個動搖，正式附匪者已有三村，其餘四村要求政府發槍自衛。附匪哈牧現由匪指導強集牲畜，吆往蘇方掉換械彈，並準備抽派壯丁予以訓練。烏什水息匪情有加無減，我軍與匪接觸，獲勝追擊，直追至庫則文蘇卡，蘇卡兵公然接應回邊之匪云云。查塔城地位窵遠而毗連蘇境，復介於多事之伊犁、阿山兩區間，形勢衝要，關係北疆安危既深且鉅。然我兵力單薄，不敷分配，如遇重大事故，不易應付，為可慮耳。

7月3日　星期二

　　午後舉行黨政聯席座談會，由羅代參謀長戩氛報告視察南疆情形，歷三小時。大意謂南疆軍民均竭誠擁護政府，目前要著為加強兵力與掌握青年、改變思想。余繼致詞：
（一）馬列思想之肅清，有賴本黨同志加倍努力。
（二）南疆兵力不夠，補救之道在于政治運用與黨政合作，由黨政之合作，進求黨、政、軍之團結一致。

晚與朱長官一民兄談話，同認駐新部隊兵員裝備如能補充完足，青海騎五軍如又能如期開到，即可相機計劃反攻，一鼓而規復伊犁，亦未可知，最低限度今冬可安度也。宋院長子文一行於上月卅日抵莫斯科，談商中蘇外交，希望新疆與蘇聯關係亦能澈底檢討也。

7月4日　星期三

今日為美國國慶紀念日，余特於上午十時親往美國駐迪領館向華瑞德領事致賀。略云在歐戰已經結束，日寇奄奄待斃，與和平憲章順利草成之今日，欣逢貴國之慶，尤堪稱賀。午時宴請吐魯番維族阿不都熱合滿阿吉、鄯善回族馬顧問廷驤、伊犁維族阿布里孜等。阿布里孜為已故新省首富福盛行主人玉山巴依次子，因案被押之塔里海提為其異母弟。渠對塔里海提所為頗表不是，引為全家大辱，並謂其父玉山巴依臨終遺囑，警告兄弟輩專心從商，毋干政治，新疆與內地交往數千年，不能或離，一旦妄求獨立，頃刻必為狼吞。乃今塔里海提棄違父訓，致遭此變，其一人成敗不足惜，全家百餘口從此無抬頭之日云云。午後四時招新疆日報社同人談話，到金代社長紹先以下主任、編輯、採訪等十七人，備致勉勗。

7月5日　星期四

午後接見北沙窩匪首蘇來滿、努爾機加代表鄂拉孜阿里與米謝立兩人，渠等方自匪區來迪，晤談頗為歡洽。關於成立南疆行署事，余在渝時曾面陳總裁，惟駐

地及人選尚須考慮，爰與朱長官聯電總裁，請派幹員來
新立任主任，並擬議設在莎車，便於軍事。

7月6日　星期五

　　晨主持省府會議，關於公民宣誓問題，以省臨參會
召開在邇，依照中央法規，公民宣誓是其先務，惟新省
實情，普遍宣誓洵不可能，故決定先擇迪化等較為方便
之地舉辦，逐圖推廣。余先提示「慎重警覺」四字為處
理邊務要訣，蓋憑余八、九年來主持邊事經驗，深感邊
疆工作人員，無論黨、政、軍，若非慎重警覺，無不僨
事失敗。午後四時與迪化省立師範本年暑假畢業生九十
人會餐，訓詞中勉以注意言行，努力進修。晚朱長官過
訪，促膝共談中外時事、國家大計及人物得失。旋談及
綏來匪患，朱謂中央對此頗多指謫，有養癰遺患諸語。
談話歷四小時，至夜半後一時始握別。

7月7日　星期六

　　關於前政府沒收財產之清理問題，余再四思維，以
盛前主席所為沒收財產之處分，係憑其督辦兼主席之地
位，在行政職權上自有其傳統之效力，後任政府不得推
翻。故該項清理工作，若由我人勉強為之，力有未能，
於法亦屬不合，惟由中央派員來新就地清理，以竟前派
審判團未了事宜，而彰中央重視邊民生命財產之一貫德
意。朱長官對上項意見，亦甚贊同，爰於今日與朱長官
聯合上電總裁請示。今日為七七抗戰建國八週年紀念，
省會各機關、法團、學校特於西大樓舉行擴大紀念會，

會前於保安司令部門前廣場遙祭抗戰陣亡將士。新任新
省高等法院院長何崇善、首席檢查官牟震東昨抵迪，今
日午後聯袂至新大樓與余言談甚歡。和豐蒙族代表宮清
大喇嘛等一行日內專車返籍，午後四時向余辭行。余反
復闡述新疆永為中國領土之必然性，並因喬親王留迪，
囑宮暫代旗務，由三固孜達協助之。

7 月 8 日　星期日

晨與朱長官談話，時間甚長。余強調中央來新軍政
工作人員，諒解團結之重要性，軍事力有不及，可以政
治補救，政治力有不能，亦由軍事補救。總期全省軍政
同志互諒、互讓、互助，團結一致，和衷共濟，則新
疆軍政工作效率倍增，亦中央來新工作人員應有之程度
也。午後遊覽明園，返時順道分視新疆反帝陣亡將士紀
念碑，暨副官處馬廄。

7 月 9 日　星期一

與財政廳盧廳長談論本省財政、經濟，僉認本省財
政在中央尚未派員來新整理前，我人仍須自籌補救辦
法，目前要圖：一面撙節政府支出，一面緊縮省鈔發
行。言及本人對新期望：第一步匪亂平息，社會安定；
第二步積極建設，改善生活。今年今日有一項寶貴事實
可述：「人民真正相信政府，政府真正相信人民。」以
視去歲履任之始，截然不同。

7月10日　星期二

　　晨主持省黨部談話會，中央黨部近加派馬良駿、華聲慕、呂樂甫、廣祿為新省黨部執行委員。午後接見馬顧問廷驤，渠謂新疆各族同胞一體擁護吳主席，既深且切，甚至蒙人稱主席為佛，回民認主席係阿洪，維民亦目主席為衣麻木云云。李總司令鐵軍由哈密飛抵迪化，晚間來晤，談及剿匪意見，我等二人頗有同感。余謂：至秋高馬肥之日，敵又必大肆蠢動，藉以搖惑人心，阻礙秋收，故我亟應補充兵員與裝備，並企待青海馬隊早日入新，然後先發制人，攻敵外圍。雖不能即時收復伊犁，亦足用攻勢來鞏固守勢，否則敵必攻我外圍，非得計也。

7月11日　星期三

　　宋院長訪蘇旬餘，迭與蘇聯當局談判中蘇問題，迄今猶在進行中，成敗未敢言必。竊謂在尊重中國領土與主權之完整下，無有不可談者，蘇聯當局須先澈底認識中國之精神、主義、歷史與文化，然後雙方以平等、和平、公道、正義之態度，開誠商談，則中蘇關係當能闢一坦途。

7月12日　星期四

　　午與建設廳佘廳長論本省建設問題，余謂當前首務厥惟興辦水利。過去中央計劃水利，輒失之過大，不切實際，依新省人力、物力、財力言，水利工作應從小規模做起，故可先行整理舊日水渠，其組織亦不必龐大，

在各縣縣長下加委水利委員一員即可。晚與朱長官談話
達三小時之久，余剴切論斷新省軍事應注意各點，朱頗
為動容，並允一一照辦。余意見要點如下：

（1）先發制人，攻敵外圍，以挫敵焰，張我士氣，
　　　安我民心，如此或可安度今冬，明春開始總攻
　　　伊犂。

（2）趕修阿山機場，派員前往調協軍政，慰勞官民，
　　　加強塔、額間防務，以免阿山交通中斷，同時抽
　　　調綏來、沙灣一帶兵力向和豐附近推動，為阿山
　　　聲援。

（3）速將後方補充之兵員與械彈運送來迪，並促青
　　　海騎五軍及早入新，希望在今後兩個月期間內
　　　完成。

（4）急電陳部長辭修、俞部長樵峯設法解決交通問
　　　題，以趕運軍需。

（5）整頓中央入新部隊，聯繫原有新疆部隊。

7 月 13 日　星期五

　　晨舉行省府委員會議，關於公教人員待遇調整問
題，頃已作最後決定。

7 月 14 日　星期六

　　晨與劉文龍、桂芬談新政今昔，余為述辦事精神
「急其所急，緩其所緩」八個字，急事事先亦須詳細考
慮、周密計劃，而後作決，緩事雖進行較慢，但必有
最後目標，非拖推之謂。午與迪化警備隊司令葉成談

話，告以新舊部隊合作之重要。蓋新省舊有部隊遍駐全疆，尤以南疆庫車以西全為清一色之舊部，必須與之調協，切忌傾軋不和，否則激起憤懣，致釀變故，後患不堪設想。

7月15日　星期日

中訓分團第六期學員業已畢業，多將分發各縣工作。余於午後四時招全體畢業學員二百餘人同膳，切致訓勉。

7月16日　星期一

晚與李總司令談話，余謂我人急務為得民心與得軍心，至民心、軍心兩相掌握之日，即我人全盡成功之時。何人能並得軍民兩心，此人即堪負治新全責之成功人物。

7月17日　星期二

朱長官素有寒腿之病，年必一發，近日舊病復犯，疼痛難行，余於晚間往視致問，便談新省軍事。總裁頃有電令，略謂據一般情形觀察，在今年國曆十月間，伊犁可能收復，故一俟青海騎五軍開入新疆，應即準備規復伊犁。余認為伊犁前方十月天氣已寒，部隊進取不易，故以軍事方式收復伊犁，恐不可能。

7月18日　星期三

關於南疆行署之駐地與人選問題，頃奉總裁電復，

准設莎車，人選另候令派。第一行政區（迪化區）於本月十六日起在省垣召開行政會議三日，所屬縣長均參加，新疆東、西兩路各縣及迪化東南山鄉鎮保長等，乘此會議期間，先後抵省觀光，統由省府招待，余予以分批接見。

7 月 19 日　星期四

午後分三批召見東、西兩路各縣及迪化東南山全體晉省代表，對其協助維持地方治安切致慰勉，並出示中華民國全圖而曰：此大塊黃色者，外蒙古也，外蒙古不僅繪在中國地圖上表示中國領土一部，此亦舉世公認之事實。外蒙受人利用，實施共產，與我隔絕，頃者境內資源為某方搜括殆盡，因之民不聊生。在某方之壓制操縱下，所謂獨立者，自欺欺人，外蒙全人口不過六十萬，不及內地一縣，安得脫離中國而自存哉。諸代表相視而點首。

7 月 20 日　星期五

晨訪朱長官於大東園，探問腿疾，藉提軍事應行注意各點，尤強調避免全疆駐軍磨擦。朱一一表示接受。第一區行政會議於十六日開幕，十八日閉幕。余於午後三時召集參加會議各縣長談話，詳詢各縣近情及會議經過，並示欲求地方安定，必先得民信心，欲得民眾信心，又必先相信人民，係治邊要訣。午後四時歡宴各地晉省代表全體，到百二十餘人。

7月21日　星期六

午後接見喀什區警察局長趙海樓。據稱喀什地方安謐，民心堅定，先後釋放回喀之阿不都克力木汗買合蘇木，及疏勒縣副縣長黃濟武，擁護政府，尤為熱烈。下午五時召集在迪之蒙藏政治訓練班同學等九人談話，勉以不畏難、不苟安、多義務、少權利，並示以「毅力」與「為公」之重要。

7月22日　星期日

晨探朱長官，便談軍事。余告以新省部隊舊任師長多已更易，師以下幹部不宜再變動，以其任職日久，情形熟識，且可藉此安軍心。朱甚以為是。

7月23日　星期一

綏來中央入新部隊預七師岳營，於進剿西山匪亂時，與友軍新疆舊部隊騎十一師卅二團發生誤會，致戰鬥失利。深恐因此影響軍心，爰派張顧問鳳儀兼程前往，解釋慰問，並代余致送該團病傷官兵新幣五萬元，以示激勵。今據張自綏函報，該團官兵經撫慰後甚為感奮，情緒已轉佳云云。

7月24日　星期二

午後接見吐魯番回部親王沙以提。四時召集新委南疆各縣副縣長十人談話，渠等均係中訓分團第六期畢業之維族青年，其中七人為余開釋出獄者。五時半接見喀什民眾晉省代表團全體代表，該團首席代表為省委阿西

木大毛拉。談話歷一小時，並與合影留念。

7 月 25 日　星期三

晨召集省府各廳委處長座談會，囑各單位分別制定一五年計劃，以為將來施政方針。下午接見烏蘇民眾代表阿里木江大阿洪。據告伊犁偽主席阿力漢係塔什干人，此次伊犁事變，叛匪與某方勢力侵入後，強奪財產，濫殺無辜，伊犁民眾痛恨萬分云。

7 月 26 日　星期四

財部國庫署長楊綿仲等昨日由渝抵迪，此行為了解新省財政情形，及如何協助省府解決財政問題。余於晚間設宴洗塵，並告以國家之統一，以財政統一為先決條件，新疆既已真正還政中央，則其財政之中央化、國家化實刻不容緩。

7 月 27 日　星期五

晨舉行省府委員會第一○二次會議，省委阿西木首次出席。席間討論本省財政，本省軍費用月需國幣卅五億元，政費十五億元，加墊付軍糧費七億五千萬元，共二十二億五千萬元。除歲入每月七億五千萬元，實際政費月需十五億元。余常謂新疆財政之根本問題為經濟問題，其根本解決須從經濟著手，亦即如何使省外物資之交流與吸收。（一）求陝、甘、寧、青、新物資交流；（二）求西北全部設法吸收淪陷區物資；（三）求西北與西南各省物資交流。

7月28日　星期六

保安司令部此次縮編後，尚有參謀、副官兩處，人事、軍械、經理、糧服、軍法、獸醫六科，及醫務所、機要室等十個單位，指揮頗覺不便。茲特成立補給處，將軍械、經理、糧服三科歸屬該處，並派張鳳儀為少將處長，章裕為副處長。

7月29日　星期日

上午九時赴八戶樑中訓分團主持該團第七期學員開學典禮，本期受訓者多屬各校教職員及文化會工作人，藉暑假餘閒予以訓練。十一時為省黨部舉辦之首屆集團結婚證婚。美國空軍一批十五人由喬治上校率領，自蓉專機抵迪，擬明早原機東返，由省府優予招待。晚間余設宴歡迎，情緒歡洽。

7月30日　星期一

晨九時，總理擴大紀念週與喀什區民眾代表獻旗典禮同時舉行，余往主持，並接受「黨國柱石」、「全疆福星」錦旗兩面。午後五時設宴歡宴喀什晉省代表，參加者一百六十餘人，各族頭目發言踴躍，融洽精神表露無遺。九時始散。

7月31日　星期二

晚七時得塔城平專員等急電，驚悉塔城繼額敏、烏什水之後，今日亦告陷敵，平專員等正撤退逃亡蘇聯，請轉報總裁交涉回國。急與朱長官共商對策，歷三小

時。朱謂在塔城陷落真相尚未完全明瞭前，不便即刻電
陳，當即決定先報告額敏淪陷之影響，提供挽救之方，
並自請議處。

8月1日　星期三

整日分別與有關部門主管計議額敏、塔城淪陷以後政府應取對策，深感現狀下軍力不足，運輸與供應力量亦甚薄弱，殊以為慮。晨間與警務處胡處長談話時，余告胡曰，塔、額既陷，精河、烏蘇、綏來、沙灣皆受威脅，迪化以西公路線各縣秋收將受打擊，資為匪用，尤屬大忌。而綏來西山之匪，又必乘勢進擾，後患堪虞，抑且精河、烏蘇、綏來諸地直通天山，小道星棋羅佈，伊犁盤匪可以隨時循小路出擊，因此西路各縣南北受敵，我將無安枕之日。憶昔余對新疆軍事主張，為「確保天山、鞏固河西」，而今天山等於被敵匪掌握，痛惜曷極。午後接見西北公路運輸局副局長沈圻，沈對新局轉變亦頗關切，並有鑒於新省軍事運輸之緊迫需要，允許負責將該局存車二百輛裝載汽油、士兵及軍用物資，一次西運入新，以救眉急。

8月2日　星期四

昨、今兩日與供應局劉局長雲瀚談話後，余即急電重慶陳部長辭修兄，略以新省情況日見緊張，非以緊急處置加強車運、空運，恐難挽回頹勢。此次艱難任務又非有陳之毅力、熱忱，不能發生效力，故請其執行有效方法，以慰喁望等語。余復上電總裁，略述目前新局仍須在軍事及外交上想辦法，並發動大量車運、空運以資挽救。

8月3日　星期五

額、塔既陷，沙灣地位益為重要。上月中旬，沙灣縣屬小拐有匪擾亂，赴河山交通因之阻斷，情勢頗為嚴重，幸今暫告平息。茲余派民政廳副廳長華聲慕、宣撫委員會副主委趙劍鋒率領宣撫人員，日內專程前往沙灣宣撫，渠等並擬順道拓撫綏來、西山之匪，如能成功，則可除我心腹之患。

8月4日　星期六

關於派遣新省學生就學內地一案，其始係余在渝時奉總裁面諭辦理，旋以歸化族學生十八名派送尤感需要，故經電請總裁飭交中政校特設班次。比得電復送足卅名，以便開設專班補習。今日遵已電陳。

8月5日　星期日

正午為民政廳鄧廳長幼公子先蔭證婚。昨晚接總裁手令，飭嚴令地方各級文武官長抱定誓與城共存亡之決心等因。除遵辦外，即電復。余與朱長官前以額、塔失陷，聯電總裁自請議處，今晚奉復電開「應無庸議」，並勉以盡力堅持，以挽危局。

8月6日　星期一

阿山哈族首領艾林郡王前隨高專員赴阿，倏已半載，協助宣撫，安定地方，頗著勞績。昨特派專機飛阿接其到迪述職，同時者有省委加里木漢及投順之匪首蘇來滿、奴爾和加等，由省府優予招待。余於午後四時接

見，並作三小時之懇談，對蘇、奴兩人毅然來歸，深表
贊許。查塔、額既陷，阿山處於孤立狀態，艾林郡王帶
來之高專員親筆函中，對阿山前途備致憂念，有糧彈、
士氣均可顧慮，沙灣、烏蘇增防最關緊要等語。

8月7日　星期二

阿山為北疆屏障，亦我國西北國防所在。昨因與艾
林郡王等談話，及讀高專員手函後，至晚思念阿山，憂
傷阿山，一夜未寐。今日晨起，即電復高專員，切致勉
勗。現對青海騎五軍早臨新境之期待尤為迫切。上月杪
余曾電馬子香兄飭騎五軍速來，頃得馬復電謂該軍全部
八月五日可抵酒泉西南玉門屬之白陽河，本月杪或下月
初可抵哈密，余當即復電請轉令該軍從速西進。

8月8日　星期三

晨接總裁電，對於南疆行署主任人選，有重以鄧鵬
九擔任，而由彭昭賢或方策繼長民廳之意。余因鄧不能
遠離，復請以彭、方兩人擇一擔任行署主任。午後與艾
林郡王、加里木汗談話達兩小時，暢論阿山匪亂經過及
政府應有準備，從而更深刻認識阿山事態之嚴重。蓋外
蒙在蘇方支持下，曾兩次大舉侵攻承化，雖均失敗，其
志在必得阿山之心與時俱增。艾林等表示在此八、九兩
個月間，為決定阿山命運之關鍵，我方應乘雪未下前進
駐北沙窩，並一鼓而規復河山失地。

8 月 9 日　星期四

伊犁事變迄今已九月，在此期間余孜孜不倦者，先從政治本身無意見，進至黨政無意見，更由黨政無意見，求取黨政軍大團結。雖各方表現事實，容有未達至善至美，但民心已得，大局因之未臻惡化，其因：（一）總裁對余信任；（二）中央與地方對余尊重；（三）余在黨國中歷史悠久，從未失過信用；（四）余事事虛心，尊重他人意見，毫無自私自利，所謂「開誠心，布公道」乃余處事最高準則。蘇聯今日參加對日戰事，今晨另時十分起以地面部隊在東部邊境向日軍進攻，我國府蔣主席今日致電史達林，對蘇聯向日本宣戰表示佩慰。宋子文院長一行於本月八日重抵莫斯科，繼續會談中蘇外交。上兩事對新局自不無影響，但是禍是福，未能預測，蘇聯對新疆企圖係一貫之策略，我人不能輕予樂觀。

8 月 10 日　星期五

上午主持黨政軍座談會，並全體攝影。余評論最近國際情勢外，並謂：新疆於甲申年建省，是年余誕生，去歲余來新主政，適亦甲申，相隔六十年。新疆在六十年前建省，表示永將不離中國，去年之甲申則可謂新疆建設年之開始。晚間為喀什獻旗代表團餞行時，廣播日本已接受無條件投件，我國抗戰九載犧牲，卒達勝利目的，令人興奮，惟望中央從此移對日作戰力量於挽救新疆危局，是為至願。深夜全迪慶祝勝利之聲音，響徹雲霄。新疆孤懸塞外，區域遼闊，交通梗阻，庶政建設，

諸多不便。余去秋抵新伊始，即注意及此，經十月來之潛心研求，多方探討，深感補救之道，不外縮小省區，繁榮咽喉地帶。乃擴大軍事區域，重行劃分為山北省（轄現伊犁、塔城、阿山、迪化四區）、山南省（轄現阿克蘇、焉耆兩區）、崑崙省（轄現喀什、莎車、和闐三區）及安西省（轄現哈密、酒泉兩區及寧夏之額濟納旗）四省，並在軍事方面將甘、寧、青、新四省劃為一個軍區，合併指揮。該項意見開始於新疆建省六十週年之去年，而適完成於抗戰勝利之今日，可稱巧合。茲已擬就「關於重劃新疆省區建議」一文，明日便機帶陳總裁，此亦余主新十月之一得也。

8月11日　星期六

本市黨、政、軍及各機關、法團發動慶祝抗戰勝利大遊行，參加者約近萬人。下午馬良駿、乃孜爾、劉文龍先後蒞新大樓道賀抗戰勝利，劉對重劃新疆省區建議，頗表贊佩。渠謂：左宗棠倡導分省時值伊犁獨立，或請止，左慷慨曰正因伊犁獨立，倡議分省，以示決心耳，今主席提出重劃省區意見，其理相同。六十年前新疆建省，使保持為中國領土，今之分省計劃，又足表示中央經營新疆、建設新疆之決心與正路。阿山高專員、宛師長急電報告，匪方圍攻承化，我軍失利，情勢危急。查額、塔既失，阿山難保，早在我意料中，前請中央以緊急處置，加強本省車運、空運，期挽頹勢，旬日未見反應。今阿山告急訊傳，除藉日寇投降消息，囑宛、高勉力反搏外，無米之炊，巧婦難為，不勝悵恨。

8 月 12 日　星期日

阿山高專員電報匪自本月十日對承化發動攻勢以來，十一日連射迫擊砲百餘發，形勢益迫，余即轉陳總裁迅派飛機運濟。查蘇聯乘對日宣戰，日本投降掩護，而進攻阿山，手段非常毒辣。並且最近庫車、拜城、阿克蘇均有告急之訊，呼圖壁、綏來、烏蘇附近亦時有匪警，似大雨之欲來。全新局面益趨緊迫，而中央專為迎接勝利，置新事於等閒，我等處身斯間，職責攸關，豈能坐視失敗，致為國家民族之罪人。故招供應局劉局長雲瀚共商大計，囑速電軍政部陳部長辭修兄予以補救，余復電請總裁採取迅速有力援應辦法，以挽頹勢。

8 月 13 日　星期一

據報本月十日匪進攻庫車黑鷹山。查該地為通庫車、拜城大路，各口已為匪佔領，拜城旦夕難保，南疆往來將因之中斷，故拜城必須增援堅守。

8 月 14 日　星期二

接軍委會急電，囑代購哈密瓜數十枚，交飛機帶渝，俾分送赫爾利大使及魏德邁將軍，當即復電遵辦。阿山方面又來電，告急曰：「承危，糧彈絕，速援，飛機、飛機……」茲定明日派運輸機飛阿運投糧彈，復擬以福海之騎兵一團兼程往援。晚宴阿山哈族頭目艾林郡王、加里木汗、蘇來滿、奴爾和加等，席間蘇來滿自願率武裝哈民千員赴阿山襲叛匪，惟茲事體大，須詳細計劃後始能決定。

8月15日　星期三

裕民縣長牛煥章電報塔、額、裕三縣相繼失守後，平專員偕塔各機關部隊去蘇，牛等奉平專員命退塔，途悉塔已陷，即由山路逃抵沙灣云云。內政部次長張維翰純鷗兄昨由蘭抵迪，今日與之晤談甚歡。

8月16日　星期四

拜城已於本月十四日淪陷匪手，阿克蘇區專員喬根以阿城兵力單薄，電請速派陸、空軍增援，經將喬電轉呈總裁。

8月17日　星期五

周委員彥龍今日與安女士肇芬結婚，余於午時在新大樓設宴為之慶賀，並致賀詞謂：昔孫故總理與宋慶齡女士結婚之日，余參加盛會，其宴席之樸素，儀式之簡單，相同今日，孫故總理因得宋女士賢助而事業大展，今日周委員前途亦將因安女士而更進。午後派曾秘書長會同外交署馮主任秘書代表本人，分往駐迪英、美、蘇領館稱賀同盟國並肩對日作戰，獲致勝利之忱。

8月18日　星期六

上午英、美領事先後前來答賀勝利。據報匪徒圍攻霍布克益緊，宮慶大喇嘛被俘，即與朱長官聯電總裁，請速派多量遠程飛機來新協助，否則現狀不易維持。關於南疆行署主任人選，今得總裁復電，仍由鄧鵬九擔任。

8 月 19 日　星期日

晨主持中訓分團第七期畢業典禮。本省臨時參議會首次大會，定九月一日開幕，此為余主新任中重大事件之一。南疆各地議員十餘人於今日午後抵迪，渠等本月八日車過拜城，而十四日拜城淪陷，相差不過六日，車稍遲延，必被阻拜城以西，不能來省，將影響大會法定人數。按全省參議員總數六十，法定人數應為四十，頃因南疆議員之趕到，已超過法定人數，至開幕時或可達五十以上之數。

8 月 20 日　星期一

蘇聯駐華大使彼得洛夫今午由阿拉木圖專機抵迪，午後三時原機飛哈經蘭轉渝，余派曾秘書長等為代表，前往機場迎送。前接馬主席子香兄電告騎五軍擬在哈密休息兩週，俾免人馬疲勞損失。惟查哈密向不產糧秣，且缺乏燃料，大隊人馬不宜久留，當即將此事實電告馬主席，並盼其先派代表來迪商決一切。午後接見南疆五區到省參議員色以提艾買提、那德昭、札鴻恩等十七人。

8 月 21 日　星期二

自日本接受無條件投降以來，蘇軍連日向東北四省猛進，業已抵達瀋陽、長春、張北、承德諸地，而延安方面又不服從總裁命令，瀕於決裂。今日我國抗戰雖告勝利，將來如何接收東北、調協中共，工作亟為艱辛，此不獨可引起內戰，或將重導國際關係於不安，不禁令

人痛心疾首之至。阿克蘇區晉省獻旗致敬代表阿不都瓦
以提郡王等一行十人已於本日十九日抵迪，今日余首次
接見全體代表之際，據報我軍已於十九晚克復拜城，代
表等聞訊皆大歡喜。

8月22日　星期三

　　午後召開座談會，囑各廳處對九月一日召開之省臨
參會大會應行事項迅速準備，並勉各部門依三種精神努
力：（一）加強收撫民心；（二）消除各族民眾對本黨
主義之疑忌態度；（三）改革盛世才時代之風氣。

8月23日　星期四

　　留新東北抗日軍將領王勇等十餘人員呈，略以東北
人士來新十載，艱辛備嘗，值此日本投降，東北光復，
歸鄉心切，請先將孤寡老弱殘廢遣送回籍等情。查此事
須詳細計劃與充分準備，爰囑先調查確實人數，以便請
示中央，並派顧耕野、王勇、孫慶齡、趙劍鋒、張鳳儀
等五人負責辦理此事，俾期妥善。

8月24日　星期五

　　午時招省臨參會議長色以提艾買提、副議長胡廷
偉，談話達一小時半。阿山區我將士用命，暨派機運送
糧彈，匪已退卻，局面已稍穩定。惟宛師長、高專員來
電，據匪首達列里汗云，匪有再攻承、德可能，請再派
飛機運送糧彈等情。經將此意轉告朱長官，朱又謂，今
日我機飛霍布克上空視察，該城似已失守，電訊亦告斷

絶云云。

8 月 25 日　星期六

得重慶李參事芋龕電，告以總裁派郭寄嶠為第八戰區副長官兼參謀長，囑其赴新等語。余即往告朱長官，朱表示歡迎。乃復電李參事轉知寄嶠早日西來，共濟時艱，並略道新疆困難之處，希就近與有關方面洽商，俾得救助。

8 月 26 日　星期日

重慶廣播：我政府今日將中蘇友好同盟條約等全文公佈，內容重要者為：

（1）蘇重申尊重中國在東三省之完全主權及領土行政之完整。

（2）中國政府聲明承認外蒙獨立。

（3）蘇聯聲明關於新疆問題，蘇方無干涉中國內政之意。

關於新疆問題，余以條約詳細內容不明，不敢遽抱樂觀，況蘇聯棄約背信，乃其一貫慣伎，欲使新局好轉，仍有賴加強我方在新實力。

8 月 27 日　星期一

今日為先師孔子誕辰，上午八時半率本市各機關、法團、各宗族首長及學校師生代表等五百餘人，在新建之大成殿舉行祭祀。查新省祭孔典禮廢止已十餘年，余有意復修舊典，使民眾對於發揚固有文化更有深刻認

識，故飭市委會重建孔子廟，並籌備致祭陳設事宜。下
午八時歡宴本省參議員、阿克蘇與和闐兩位獻旗獻傘代
表，到一百九十餘人。各地代表及各族首長發言熱烈，
至十一時半始散。

8月28日　星期二

　　中央銀行先後運迪之新疆省流通券，總值新幣
十五億元，今日開始發行，票面分一百元、五十元兩
種，據報背面均有「在支那土耳其斯坦流通」字樣。查
支那土耳其斯坦或東土耳其斯坦之名，向為敵方分化新
疆之口語，今伊犁偽組織即用此名，若令該項鈔券流
通，實不利政治，特召集有關方面會商，決定暫停發
行。午後接蘇聯駐迪副領事康斯坦，互道稱賀中蘇友好
同盟條約簽訂之忱。

8月29日　星期三

　　上午接見烏蘇蒙族親王馬尼，渠係敏珠策旺多濟之
子。據告其叔曾祖嘉穆錯老喇嘛，四月間由迪返烏，臨
終時猶曰：主席已見，死而無怨，死亦光榮。馬子香兄
電告即派馬秘書長驥來迪，及騎五軍第一梯團約下月二
日可達哈密，甚慰。外交署馮主任秘書轉來莫斯科傅大
使電報，略以有大批華人，約千四百人，由塔城逃入蘇
境，擬遣送回華，請我方派人至喀什西北中蘇交界之圖
魯尕爾提山口接收等情。查該項逃蘇人員，當係塔城淪
匪後，撤退入蘇之政府官員眷屬，渠等幸安全到蘇，差
堪自慰。余即電令喀什張專員派員前往指定地點接收，

並予安置。

8 月 30 日　星期四

上午接見吐魯番獻旗代表阿不都海米提等。據報阿山匪首窩斯滿有意投順，晚間招蘇來滿與奴爾和加研究剿撫阿山匪眾辦法。

8 月 31 日　星期五

昨晚接重慶張部長文白兄電，略謂總裁命其赴新劃新疆為四省，並研究解決伊犁事變，渠尚在考慮中，電中復以各項意見為詢。余俟將此電轉告朱長官後，再電復請其早日來迪，面商一切。

9月1日　星期六

今日為記者節，本省首屆臨時參議會又定於今日舉行開幕禮。此次臨參大會除阿、塔匪區參議員因交通阻塞，少數未能如期前來，及其他因病請假外，計報到參議員四十八人。九時正，開幕典禮開始，首由色以提議長以維語致開幕詞，次由余致詞，切致期勉，並宣布擬於明年內普遍成立全省各縣參議會，以健全民意機構，而利憲政之實施。下午一時為慶祝記者節，於新大樓設宴招待新聞界。席間余告眾人曰：今世為民主時代，中國政治途徑自亦日益向民主邁進，諸位新聞從業員應注力倡導與發揮民主精神。午後三時與朱長官聯名上電總裁，報告臨參會開幕情形，及近來南北疆匪情，僉認匪氛益張，某方謀我益亟，而我兵力薄弱，全省步、騎兵不足四萬人，是加強兵力、談判外交，同感迫切焉。本年八月初旬，余曾密呈總裁，建議將新疆劃為四省，蓋此不特為經營新疆之必要措置，抑亦建設西北、鞏固西北之先決條件。至八月卅日接重慶張文白兄未感電，略謂奉總裁面諭赴新劃新疆為四省，兼研究解決事變問題等語。溯余今夏在渝時，曾向總裁推薦文白前來西北，當時以文白兄不克分身，未邀允准，而今如願以償，且重劃省區之議亦可望實現，不勝快慰。余即以申東麟電表示歡迎，藉對來電所詢各點一一詳復。茲將兩電錄後：

重慶張部長騎未感電

特急。迪化吳主席禮卿先生：

　　密。親譯。昨午奉委座面諭，令治前往新疆，將新

疆劃為四省（河西劃歸新疆），兼研究解決事變問題。
因係邊疆關係，須軍民合治，並研究用何名義及劃分四
省後之主席人選等因。聆諭之餘，甚感躊躇，當謂：
逸民、禮卿兩先生在新極為適宜，又數日前委座曾命郭
寄嶠調為第八戰區參謀長兼保安司令（按：係兼副長
官）。治謂：逸民將如何？委座諭：將調回中央。治又
謂：禮卿先生指揮寄嶠甚好。委座又諭：新疆局面須有
變更。言時態度相當堅決，治允考慮後再行具復。茲特
將經過情形奉告，而有請教於先生者數事：

（1）新疆劃為四省，記先生曾談及有所建議，不知詳
　　　情如何？

（2）劃分四省後之主席人選，不知尊見如何？惟曾奉
　　　委座諭，邊疆與內地不同，主席與各廳長均須增
　　　列副席，由中央與地方各分任正、副。

（3）解決伊寧事變方法如何？蘇聯在中蘇友好條約
　　　中，已提出保證對新疆問題無干涉內政之意，表
　　　示甚好，諒可循政治談判途徑以求解決否？

（4）四省之上，軍事與政治文化機構，以用何種名義
　　　為合式？此人地位應由德高望重如先生者出而擔
　　　任，始可達成使命，治擬向委座推舉之。

　　　以上諸點，敬祈詳細指示，不勝感禱。邇來尊體健
康何似？匪患情形如何？為念。

　　　　　　　　　　　　　　　張治中叩　騎未感印

復張部長申東麟電

即刻到。重慶政治部張部長文白兄：

　　　騎未感電敬悉。親譯。密。台駕即將蒞新，至深欣

企。承詢各點，謹陳如下：

（1）新疆（僅併入河西之酒泉一行政區）劃為四省，
　　弟經於八月十日航呈委座建議，文稿曾抄寄羅佶
　　子先生參閱，除電其複抄一份送兄外，並請就近
　　一索。

（2）劃分四省後之主席人選，應俟分省確定後再縝密
　　考慮，總以身強、有志氣而識大體者為遴選標
　　準。至主席與各廳長應增設副席一節，在事實
　　上，目前新省之廳長、處長及專員、縣長多已有
　　副席之設置，即將來增設副主席，亦甚易易。蓋
　　此項人才，弟早經為中央儲備之矣。

（3）解決伊寧事變方法，似仍應以軍事與政治並用。
　　因外交關係雖已好轉，如我武力不足以平亂，則
　　匪方儘可逍遙自大，故我必脅之以威，使其感於
　　外既無援，內有所懼，不難帖然就範。

（4）四省軍政一元化之機構及名義，弟目前正在研究
　　中，容再奉聞。

　　總之該項劃分四省之議，既為鞏固西北必要之圖，
亦為配合國內外環境一勞永逸之策，良應即早實施，如
能在國民代表大會之前予以公布，俾使收入憲法規定之
中，尤為妥善。逸民兄對新省主張與弟全同，而對吾
兄之來尤表歡迎。至於弟個人出處，總希能早息仔肩，
承擬推薦，不勝感謝，如此次分省成功，亦即弟主新任
務之完成也。再目前匪情，阿山方面雖已解圍，近又發
現匪蹤，塔城、伊犁仍有擴大之勢。南疆拜城曾一度陷
匪，現經收復，但阿克蘇一帶仍時有警訊。喀什區之蒲

犁在中蘇條約簽訂後，有匪自蘇界分數路竄入，將其攻佔，現我正設法清剿中，併聞。

弟吳忠信　申東麟印

9月2日　星期日

據高專員電告，阿區日來情況已至最後關頭，東西之匪已合流，分向承、布、哈三縣進攻，攻布、哈指揮官為蘇籍俄人波里諾夫云云。其他各地如車排子、精河、庫阿區、蒲犁以及哈密等處匪徒均積極蠢動，蘇機三架曾飛蒲犁及我陣地上空偵察，並獲匪對空符號。進攻蒲犁之匪多為蘇人，足見蘇方表面上聲明不干涉新省內政，實際仍未放鬆。

9月3日　星期一

上午主持迪化市各界慶祝抗戰勝利大會，並接受阿克蘇區、和闐區及吐魯番、鄯善兩縣代表獻旗獻傘。余致詞中向全新人民保證：

（1）新疆永遠是中華民國領土，有中華民國就有新疆。

（2）我們今後一定要剿平土匪，使全疆民眾安居樂業。

（3）保證宗族平等，今後各族人民無論在政治上、經濟上、社會上均要一律平等，不分軒輊。

（4）保障信教自由，人民信教不但不干涉，且予保護與尊重。

午後一時設宴招待迪化區參議員。據報各處匪徒近日蠢動益熾，烏蘇告緊，承化斷援，迪化附近亦發現股匪，盱衡大局，憂心如焚。另據報騎五軍第一師師長韓有文

已率該師一部，於上月廿八日抵猩猩峽，卅日抵哈密，
行軍迅速，紀律嚴明等語。余數月來之苦心孤詣，至此
可謂完全實現。當茲精、烏前線匪勢日熾之際，此批援
軍及時到達，關係何等重大。重慶王外長電告，關於蒲
犁失守後，該縣守城官兵一部已退入印境。

9月4日　星期二

　　阿山宛師長、高專員告急，電謂布爾津已至最後嚴
重階段。又謂此次攻陷額敏與霍布克之匪，總指揮為蘇
聯前派新疆中將顧問拉托夫，匪眾百分之三十係蘇聯正
式戰鬥兵，如布縣不保，承化將為伊寧之續。午後接烏
蘇謝義鋒軍長函，報告精、烏前線軍情，而謂匪方意圖
為攻取烏蘇、獨山子，窒息精河，進窺迪化。余即據情
轉呈總裁。

9月5日　星期三

　　午後一時，與朱長官假新大樓聯名宴請美、英、蘇
駐迪各領事，共慶同盟國勝利。查今晨烏蘇謝軍長來電
話，謂情勢益急，決與城共存亡，惟兵力甚少，殊無把
握等語，是烏蘇存亡已在旦夕。朱長官在宴會中默不一
語，余則強言為歡，宴會於沉默空氣中匆匆結束。旋據
烏蘇電話，有不明國籍之飛機兩架，於今晨八時及十一
時兩次轟炸城區，死傷平民甚眾。余得訊後不勝駭異，
蓋依匪自力，決無此等飛機、炸彈等設備，更何來駕駛
飛機及空軍地面人員。烏蘇之遭轟炸，益堪證明對之肆
無憚忌，非達糜爛而不已，其假面目業已揭破。反觀我

中樞當局，過份信賴條約，對新疆現實不予正視，既無
兵員接濟，又無根本對策，余不禁為新疆前途憂，為西
北國防懼。余立即召集各廳委談話，警覺各人對當前局
勢之認識，抱定自身工作之信心，以迎接更嚴重之局勢
到來。朱長官於午後上總裁電中有「外侮憑凌，萬不得
已時，職決自戕以報黨國及鈞座，請派大員赴蘭計劃善
後」諸語。余難安緘默，故亦急電總裁，請洞察實情，
決定因應大計，並速派大員來新，共挽危局。匪方為策
應烏蘇軍事，日來在南、北疆各地均有積極行動，精烏
公路時被阻絕，精糧已無法運往。沙灣之沙門子至小拐
已為匪佔領，小拐已成匪之根據地。獨山子油礦南五十
里之八音溝，我自衛隊已不支撤退。拜城已重陷匪手，
縣長突圍逃出抵庫。克絡峽匪千餘，分向阿克蘇、溫宿
進犯。喀什附近之匪以宗教號召，隨處發給民槍，有進
攻喀什企圖。福海、布爾津、哈巴河已先後為匪攻佔，
正向承化推進。宛師長、高專員電報，攻承化之匪為機
械化裝備，人數逾五千，承化軍民只有準備犧牲，一切
援助均已緩不濟急，阿山今後再無情況可報，此係最後
一電云云。

9 月 6 日　星期四

　　報載總裁與毛澤東已單獨談話二次，對各項問題均
已普遍交換意見，此後將對個別問題作具體討論。然余
認為中共問題係對蘇問題之一環，中共在蘇聯指使下，
是否能開誠合作，尚屬疑問。劉特派員澤榮於上午由
阿拉木圖飛返迪化，午後三時向余談述此次中蘇友好同

盟條約簽訂經過。渠謂由莫斯科返迪途中，以中蘇新約簽訂，甚覺高興，但一到迪化，始知真情如此，令人倍感駭異。余笑曰：兄等過分信任別人矣。昨日敵大軍猛攻精河前線之沙山子，並以飛機六架整日更番轟炸。我軍堅守陣地，沉著應戰，尚能斃傷敵千餘人，並俘獲人馬甚夥，我軍一營亦犧牲泰半。晚與朱長官談話，渠謂目前困難無法解決，中央又無一兵一彈增援，至萬不得已，惟有一死以報國人。余慰曰，余等二人精神尚好，還可為國家多做事情，當此緊要關頭，請萬勿灰心，只要一本初衷，貫澈到底，相信新疆困難局面必可打開。余又謂，中樞因知新疆問題複雜，處理不易，始命我等來此主持軍政，我等應以「我不入地獄，誰入地獄」之精神擔負此艱鉅任務，相信我等今日之努力，千百年後亦不致為人遺忘也。

9月7日　星期五

烏蘇自被敵機轟炸，居民自動向東疏散。據報絡繹於途者達萬餘人，大半均乘大車東進，扶老攜幼，狀至淒慘。余已通令各地軍政當局，沿途妥為照料，並速籌劃救濟。中午與劉特派員談話，余詢及此次中蘇友好同盟條約，對新疆問題為何未作具體決定？談判時是否忽略此點？劉答曰：「當條約起稿時，余對新疆問題特別提出，蘇聯尊重中國在新疆領土主權之完整，及中蘇兩國同意互相幫忙，以維持新疆之和平與秩序，蘇聯地方官應協助平息當前之事件兩點，但條約簽訂時並未載入。蓋此次談判甚為匆忙，因談判時，蘇忽對日宣

戰，並進兵東北，我方乃全力注意東北問題，希望早日
簽字，以便約束蘇聯行動，故對新疆問題未能全部顧
到。」余曰：「此次條約對新疆事件過份忽視，將來新
局繼續惡化，雖得之東隅，亦難免不失之西隅也。」余
又謂：「今日補救之道，惟有對中蘇談判情形及紀錄多
件，詳細研究，再向蘇作具體有力之商洽。」渠甚表同
意，午後余即本此意電陳總裁。午後四時美領事華瑞德
來訪，渠對烏蘇轟炸情形極為關懷。末謂：新疆現正如
一隻船航行於大風浪之中，總望其不致翻沉，並隨時禱
告，希望上帝永遠保護此船安然無恙。余曰：我雖非基
督教徒，但亦時常祈禱上蒼保護此船之安全，俾大家均
有此船可坐，但一旦翻沉，不但船沉海底，大家無船可
坐，而海面上亦將從此不得太平矣。

9 月 8 日　星期六

晨致張文白兄電，告以新疆當前危機，請其便呈總
裁。八時顧處長耕野等來見，渠等以匪勢猖獗，不甘坐
視，願召集東北留迪閒散軍人組織自衛隊，捍城殺賊。
余即囑張鳳儀負責，與保安司令部羅代參謀長詳為計
劃。蘇領館葉代總領事前日與劉特派員同機飛迪，今晨
偕康副領事來見，談話一小時。話題由蘇京慶祝勝利情
形，談到中蘇新約之締訂，及日本失敗之原因。最後並
談及新疆近情，余表示請蘇方對新疆事件之解決予以協
助。葉曰：「需要如何援助，如能告告余，當轉報敝國
政府。」余謂：「容後再請劉特派員轉達。」辭別時，
余分執兩人手曰：「中華民國事即蘇聯事，蘇聯事亦即

中華民國事，余新疆省主席之事即貴領事之事，貴領事
之事亦即余之事。貴我兩國利害相同，休戚與共，實不
可分也。」午後連得總裁兩電，略以增強新省兵力正籌
劃實施中，關於蘇方援濟叛匪之證據，希先設法蒐集。
並囑鎮定工作，各方不可自亂步驟，各部隊尤須固守原
地，不可擅自移動。

9月9日　星期日

今日為回教肉孜節之第一日，余派曾秘書長代表偕
同各廳委前往回教各旗大阿洪頭目家中致賀。下午馬秘
書長驥、馬軍長呈祥、楊軍長德亮、李總司令鐵軍、張
參謀長鑑桂等迪，五時許均來新大樓拜會。當此剿匪軍
事緊急之際，渠等均前來臂助，余心至感欣慰。接總裁
電，已飭軍令部、航委會、侍從室各項高級人員，同郭
副長官寄嶠，即日飛迪。晚閱各處情報，烏蘇謝部撤出
後情況不明，精河郭師長突圍後已率部到沱沱，我精、
烏據點至此已全失。南疆匪仍圍攻阿克蘇，庫車以北亦
發現土匪。迪化東廿華里之葛家溝，八晨亦竄來騎匪百
餘。瞻前顧後，不勝憂戚，所幸我騎五軍部隊已源源開
到，該軍一、二兩團，六、七兩日已相繼抵哈。

9月10日　星期一

中央警官學院迪化分校今日舉行畢業典禮，余親往
訓話，以修身、愛民、勤謹三事為勉。接總裁電，略以
軍民主官必須堅忍鎮靜，決無大事，此中正對外、對內
從全局考慮之結論，絕非不負責任之空談。下午五時

郭副長官等到迪，余親往機場迎接。晚與馬呈祥軍長談話，據告騎五軍已商定決集中佈防，一師駐奇台一帶，一師駐吐魯番一帶，軍部設迪化，並先由哈密抽調一團車運來迪，駐紮南山。余告曰：今日局面雖緊，但民仍安定，原因有二：（1）貴部開到；（2）東干回始終無異動。張文白兄來電，以奉總裁諭，新疆情形緊張，令其即來迪，預定明後日可到云云。故友重逢，共濟時艱，引為大慰。今日情報：烏蘇區僅安集海一處在我據守中。郭師長退出精河後，迄無聯絡。阿克蘇區有猛撲城垣模樣，專員喬根鎮變無策，軍政不協調，已決定調省，由趙團長漢琦繼任。

9 月 11 日　星期二

上午九時召開黨政聯席會議，宣讀總裁手令，囑黨政各首長應本臨難毋苟之精神，嚴守崗位，督防所屬，益加奮勵，以期同心協力渡此難關。十一時召省府各廳委、處長會談，指定張委員宣澤等出席下午軍事會議，報告糧食儲運、疏散民眾及難民救濟等事項。午後四時召集鄧廳長等討論難民救濟事宜，決定由社會處、省黨部、宣撫委員會會同組織難民救濟委員會，並在有關各縣設立救濟站。會後與航委會王副主任叔銘談話，歷二小時。晚與朱長官、郭副長官會電總裁，為準備固守迪化計，擬請准將迪化老弱婦孺疏散至迪化以東各縣。

9 月 12 日　星期三

劉特派員來告，昨訪蘇代領葉塞夫，葉頗有介入調

解匪亂之意，惟表示須有一具體辦法，始能向莫斯科報
告。余當即會同朱長官電請總裁請示。張文白兄來電，
定十二日起飛，十三日可抵迪，經蘭時擬約麥斯武德、
艾沙、伊敏同來，問余意見。余即與朱長官會電復以麥
等之來如有益大局，甚所歡迎。中央運新之流通券國幣
七十五億元，因票面有維文「支那土耳其斯坦通用」字
樣，經停發後，茲擬全數予以焚燬。再迪化庫存黃金五
萬餘兩，亦擬交便機帶蘭，以策安全，上午特電總裁請
示。晚郭副長官來談，渠力勸余早日東返，否則亦應先
將眷屬送走，足證渠對當前軍事無把握。

9月13日　星期四

　　張文白兄於下午三時抵迪，同來者有中央黨部張委
員靜愚、立法院王委員曾善、政治部第一廳鄧廳長文
儀、青年團秘書處劉處長孟純等，余親往機場迎接。晚
約集張部長、朱長官、郭副長官、李總司令、馬軍長、
王副主任叔銘、劉局長雲瀚及劉特派員等在新大樓會
談，對當前軍事、政治、外交、供應各問題均經詳為研
討。張始深切明了局勢嚴重，無論兵員、糧食均不足久
持，尤以軍糧存儲量僅足敷一、二日之需，現雖正由迪
化附近各縣搶運，但一旦交通被阻，全迪軍民即有斷炊
之虞。當由張將實情電呈總裁，並定明午約蘇領與張作
私人談話，以尋求外交解決途徑。

9月14日　星期五

　　王副主任叔銘今晨離迪飛渝，余因張部長、朱長

官、郭副長官之敦勸，不得已將家眷同機送渝，省府各
廳委眷屬，亦於中午另機疏送嘉峪關暫住。上午九時參
加省臨參會閉幕典禮，並致詞。中午張文白兄與蘇代領
葉塞談話，經過頗為歡洽。葉已允將調停匪亂之意轉達
蘇政府，並表示最好由中國政府向蘇聯政府提出，較
易有效。又稱渠個人無法與對方（指匪方）接洽，祇
有駐伊寧之蘇領可代設法，惟此事非經莫斯科不能通
電等語。

9 月 15 日　星期六

　　囑省會警察局長劉漢東召集迪市各保長及各族文化
促進會負責人，詳達目前軍事情況，轉告居民力持鎮
靜，不必無謂驚慌，自亂步驟。午後張部長接見各族代
表，渠等表示對新局憂慮，請中央不作放棄迪化、放棄
新疆之計劃，致使大好河山淪為外蒙第二。並說明新疆
絕無民族問題，全新人民均一致擁護政府，今日假有外
援之少數匪徒，不能代表民意，自願赴渝報告真象等
語。六時與王委員曾善談話，彼謂到迪兩日，觀感所
得，對過去錯誤觀念糾正不少。蓋自中蘇條約簽訂，中
樞均認新疆外交無大問題，今始知實情，出人意外。並
謂昨與色以提談話，色力斥麥斯武德、艾沙、伊敏等
人，認彼等今日鼓吹狹義民族主義，實別有用心，而全
疆人民公意正與渠等論調相反，且今日伊犁匪偽亦非新
省內部民族問題，純係外來之挑撥離間等語。文白兄連
日與此間各族人士談話，對此亦已相當了解，決定明日
飛返復命。

9月16日　星期日

今晨八時，文白兄乘機飛蘭轉渝，余赴機場送行，
青海馬秘書長隨機返青。余於文白離迪前共進早餐時，
兩人商定對新政辦法三點：（1）迅速改組省府；（2）
以朱長官暫代主席，調余赴渝述職；（3）派余赴南疆
布署。以上三點，由文白兄面陳總裁擇一決定。余並請
其代陳四語：曰聽命令、曰聽天命、曰軍事失敗、曰政
治沒有失敗。盱衡目前新局，澈底改組省府，一新內外
耳目，誠為迫切之舉，爰於送走文白後，再電渝請文白
參酌，並迅促成。自烏蘇、精河失守，匪先頭部隊近已
進迫綏來附近。迪化為省垣重地，動關西北全局，為防
禦匪徒襲擊，加強固守力量起見，特決定趕築附城防禦
工事。以全市一五〇保，每保抽卅人，每日共徵民工
四千五百，全部工程自今日開始，約十日可成。各族人
民為確保自身安全與田園廬舍，應徵踴躍，工作努力，
良堪欣慰。

9月17日　星期一

下午召集各廳委、處長舉行座談會，勉各同仁抱定
不生事，但亦不怕事之精神，與敵匪週旋。據報哈密蘇
商務處職員近日公開活動，四處刺探軍情，調查過境軍
隊番號，並經常放映電影，吸收各族民眾，借勢宣傳反
動。竄擾鎮西、哈密近郊之匪，聞與彼方亦有勾結。前
此蘇駐華大使彼得洛夫由渝飛蘇時，藉口天候不佳，在
我安西降落，實際調查我軍事設備及當地情況，可知彼
方圖我，無微不至。

9 月 18 日　星期二

今日為九一八第十四週年紀念，今日新疆彷彿十四年前東北九一八前夕，撫古思今，不勝感慨。據云我王外長在英，已與莫洛托夫提出新疆事件，如此消息屬實，正恰我意。伊犁事變發生後，余即主張循外交途徑解決，中樞因當時對日戰事方興未艾，始終未對蘇提出。今日徒憑中蘇新約，事實證明仍未能阻遏對方覬覦新疆，使全省糜爛之意圖，我外交當局必須積極交涉，否則撕毀新約亦所不惜。謝軍長自綏來電話，精河撤退部隊千餘名昨抵綏，另一部係由郭歧師長率領，於撤出精河時遇匪截擊，即失聯絡云。文白兄自蘭電告：接岳軍兄電話，蘇方願出任調停等語。蓋自精、烏被炸，世界人士對新局同深注意，近美國宣布外交政策，要求蘇聯遵守一切國際協定，蘇方為免國際公憤，或對新事暫取緩和，利用匪方從中作政治攻勢，以漸達控制新省之目的。

9 月 19 日　星期三

接外部甘次長乃光十七日電，謂蘇聯政府已正式表示願意出面調解新疆匪亂，並經呈准委座，復請蘇聯飭駐伊寧領事通知匪方即派代表來迪商洽云云。查余前與蘇駐迪代總領事葉塞夫談話後，曾授意劉特派員先以私人名義詢問蘇方是否願意出任調停，文白兄到迪後亦曾約葉詢問此意，渠兩次均允報告莫斯科。此次彼得洛夫向我外部表示，則謂係伊犁暴動回民代表自動向駐伊領事請求調解，此顯係蘇方先發制人之計。彼得洛夫並

謂暴動人民原無脫離中國之意，其宗旨不過在要求回民在新疆較佔多數各地，如伊犁、塔城、喀什、阿山等之自治。窺其用心，不外在將我新疆之一部造成蘇聯之國防外圍，並吸榨資源，以遂其變相佔領之企圖。此種手段，蘇聯使用於國際間已數見不鮮，外蒙現已獨立，如新疆再不保，則我西北屏藩盡棄，門戶洞開，內地各省亦時虞侵淩，防不勝防矣。余以為新疆目前事小，中國將來前途事大，談判時其他條件儘可讓步，而領土之主權及國防所在，則絕不可變更也。午後接見伊犁區警察局長兼烏蘇縣長梁若勤，對烏蘇失守經過報告甚詳，認為敵匪尚未迫近城垣，軍事當局如能沉著應付，決心死守，則不致失陷如此之速。一方面可使匪焰稍殺，一方面迪化亦可從容部署，不致如此慌張。同時精河部隊亦能從容撤退，減少損失，關係全局，至為重大。喀什張專員電告，英吉沙被圍，喀什情勢危在旦夕，請速空運部隊、槍技接濟等語。余復電告以匪方已願意和平調停，希鎮靜應付，並即招劉特派請轉告蘇領，希望在準備進行和平談判時，設法使南疆方面事態不致再擴大，以免影響整個談判。余以新事將由外交途徑解決，乃余擺脫主席職務及改組省府之機會，乃再電文白，請轉陳總裁改組省府，如蒙許可，余即率同省府同人呈院辭職。晚朱長官蒞新大樓談話，歷兩小時。余謂過去我倆之間，彼此容或認識不清，經過此次在迪共事，感情彌增，但情深朋友不妨互作一評語，依兄年來觀察，弟為人最大毛病何在？朱曰太直，余曰兄則太細。所解均當，皆大笑。余復曰，余處事方法不多，但心直性誠是

真。朱急曰：兄辦法多、辦法多。

9 月 20 日　星期四

今日為陰曆中秋節，去年此節適余啟程來新之日。回溯此一年來，余到任之初，方期除舊布新，與民更始，不意伊犁變起，匪徒假借外援，竟以自治獨立相號召，寖假即有瀰漫全疆之勢。余力圖挽救，一面積極宣撫、安定地方，一面整飭政治、招徠人心，卒使大局穩定，轉危為安。證諸新疆過去一地有變亂，他處紛起響應之史例，不能不謂余已逐步成功。但以余過去主管邊政經驗，邊疆各宗族文化低落，知識上既無判斷是非之能力，精神上亦時呈離心之勢，有時畏威甚於懷德。政治必須有軍事相配合，始能永久強固，而外交始終無定策，亦是動搖政治。近數月來新局之急轉直下，即因軍事力量薄弱，外交不能斷然處置故也。誠望我中樞今後早定因應大計，一面固應謀求外交解決，一面仍應充實兵力、加強配備，否則縱使苟安一時，於國防大計亦無補實際。晚於新大樓便餐，邀朱長官、郭副長官共度佳節，各人興致均好，酒後朱長官並賦詩數首，午夜始散。

9 月 21 日　星期五

關於疏散迪化老弱婦孺案，自奉總裁核准後，當曾轉商劉特派員對於各國駐迪外交人員之安全，亦應請外交部預為籌劃，以免臨時倉卒。今日劉接外部復電，屬於不得已時，可將渠等暫送哈密或蘭州。接文白兄自渝

來電，謂王外長在英，莫洛托夫談及此事為暫時現象，
不久可平息，請放心等語。晚呈總裁一電，請澈底改組
省府。接馬主席子香兄電，告以馬秘書長已返西寧，並
有「我公在迪，內政、外交，煞費苦心，對目前情況更
用擘劃，芳心所系念之至。以後如有芳應辦之事，請電
示知，敬當遵辦，用效棉薄」等語，感甚。

9月22日　星期六

　　午接文白兄電，藉悉已將「聽命令、聽天命、軍事
失敗、政治沒有失敗」四語，及改組省府、調余赴渝、
或派余赴南疆三點面陳總裁，惟總裁仍以余不宜離迪為
復。故文白電中主張，俟事變解決後，再言省府改組問
題為佳，並云「目前先生處境之艱窘，實寄同情，委座
對先生老友情深，蓋已時在懷念也」。在總裁心目中，
有余留居迪化，對於維繫民心、協調軍政，不無裨益。
然至今解決新事重點已在外交，余實無再留必要，倘能
離去，於公於私均無害。余志已決，不達目的不止也。
據報英吉沙西南之蘇蓋提及衣格子牙等地，連日匪我均
有激戰，匪方總指揮官一名被我擊斃，已不支潰退，但
我騎二團姜順福團長亦於衣格子牙陣亡。姜團長年輕有
為，與趙漢奇團長同為南疆各團長中最忠實、最有希望
之人物，此次不幸陣亡，實為我新疆之一大損失。綜觀
近數日，匪各方蠢動，並未絲毫放鬆，由外交途徑解決
雖已有線索，然我人此時更應加緊準備，消極方面防止
匪人乘隙而入，免受暗算，積極方面且可作外交談判之
後盾，而不致被匪人要挾。新省臨參會全體參議員以匪

勢猖獗，全疆震憾，今日特聯名電呈總裁，請充實地方武力，以固邊防。馬呈祥部一團今晚八時分乘汽車到迪，軍容頗壯，市民夾道觀望，喜形於色。

9 月 23 日　星期日

昨據文白兄電告，總裁仍不欲余離新他去。余思忖至再，僉認當前新省問題，一面為軍事，一面為外交，余在此間政治作用已成過去，不如選一有助於軍事及外交者來新主持，收效更大。余爰重電文白，請其促成。

9 月 24 日　星期一

近日匪方雖提出願派代表來迪談判，而仍進擾不息。今日據報，精、烏之匪擬以蘇軍兩團繞北路進攻奇台，以哈匪兩團進攻南疆。英吉沙、衣格子牙之匪經我擊潰，竄抵黑孜後，復分兩股，企圖進犯莎車、喀什。關於改組省府問題，前接文白兄電謂俟事變解決後，再言省府改組為佳。余覺如改組之舉在事變解決後行之，外人必將視為匪方所提條件，有失政府威信，不若先自改組，以示誠意，較為得當。余乃再電文白，重申意見。

9 月 25 日　星期二

保安司令部副官處長宋守中，近以體弱多病，無法應付處務，面遞辭呈，意至懇切。不得已決定派章裕繼任，改派宋任貿易總公司副總經理，並兼副官處副處長職務，協助章裕，仍支處長原薪，以示優遇。青海騎

五軍分駐北路之第一師，近已接防奇台，並將繼續到孚遠、阜康接防。南路一師已達鄯善，將來擔任吐魯番、托克遜、達坂城等地防務，車運到迪之一團，連日正配備乘騎。晚七時召集座談會，討論難民救濟及留迪南疆參議員返里事宜。據文白兄電告，廿三晚復向總裁報告改組省府之意，又未蒙許可。據彼觀察，在事變未解決前，改組無從談起，為之奈何。晚上總裁電，報告匪方動態，綜論匪方企圖在欲將新省沿邊各區先行佔領，造成特殊事實。蘇方亦正配合此一企圖，以求構成其國防外圍，故甚可能表面出任調停，而內取拖延姿態，俾匪方目的達成後，再進行談判。反觀我方，兵力已成強弩之末，唯一期望厥在外交，故在外交上應亟起直追，加緊運用，促蘇方早日實踐調停，囑匪方速派代表。

9月26日　星期三

上午十時至騎五軍軍部訪晤馬軍長呈祥，軍部現暫駐東門外前一六師師部，俟老滿城新址修葺後，即全部遷往。余勉馬軍長曰：「此次貴部入新固邊，關係至為重大，汝年事尚輕，前途未可限量。」余又叮囑該軍駐定地點後，應切實注意警戒與聯絡，以防哈匪偷襲。該軍副軍長韓榮福抵迪後即患回歸熱，現尚未起床，余切致慰問。旋往軍九分校訪宋主任希濂，該校學生現正建築七道灣防禦工事，期月可竣工，將來該校學生即擔任該地防務。攻阿克蘇匪昨竟日砲擊，城內落彈六百餘發，綏來西石河子有俄匪六百餘，附飛機二架，有西支進犯昌吉之訊。呼圖壁南山哈族近亦全部附匪，竄往昌

吉縣北集中。英吉沙之役我擊斃蘇上校團長比爾扎草
夫、中校副團長晤拉聶夫，及迫擊砲手哈得諾夫等五十
餘名，並俘虜廿七名。現匪復由蒲犁、烏恰派來大批援
軍，附新式武器，沿途強拉人馬，麇集英吉沙東南黑孜
一帶，共三千餘人，有再犯英吉沙可能。

9 月 27 日　星期四

上午魯效祖來訪，渠認為新局不致再形惡化，並相
信新疆絕無民族問題，並謂阿爾泰山不僅為我西北國防
軍事要地，並為我國家資源之寶藏，蘊藏金礦尤富，蘇
聯之不放鬆新疆經營者，目的即在奪取阿爾泰山。渠
曾任阿爾泰道尹有年，足跡遍歷阿區各地，其言洵可徵
信。文白兄復電，謂總裁意於事變解決後，同時解決省
府改組與重劃省區問題，惟文白允再婉陳先電余回渝述
職，余即復電表示欣慰。蓋此舉不僅使余對新疆問題可
向總裁詳細報告，即對整個西北大局亦可從長商討。

9 月 28 日　星期五

上午馬軍長呈祥來晤。據告近因騎五軍入新佈防，
迪化附近各縣散匪似稍斂跡，民心較為安定，附匪哈民
亦紛紛回里，甚以為慰。南疆參議員定明晨乘供應局軍
服車至焉耆，再分道各返原籍，余各送皮大衣一件，以
資禦寒。

9 月 29 日　星期六

昨夜一夕風雨，今晨即寒冷如冬。上午八時赴臨參

會為南疆參議員送行，余致詞，略謂今日新疆問題，並
非新疆一地之問題，亦非中國一國之問題，而是整個亞
洲、整個世界問題，倘使新疆一日不安定，則全世界
之和平秩序亦將無法建立。中央對新完全與內地各省同
等看待，今日少數不明大義之人高唱自治口號，實欲借
此分化新疆。吾人談地方自治，應遵照總理遺教，經過
軍政、訓政、憲政之一定程序，然後自治，始能名實相
符，不致為人利用。內地各省推行訓政已歷十餘年，新
疆則為時甚短，而本省參議會之成立亦較他省為晚，吾
人今日只有循合法手續，加倍努力，急起直追，以期趕
上內地各省。色以提議長致答詞，表示因知南疆少數地
方已有匪徒擾亂，深恐匪勢擴大，桑梓糜爛，故決定兼
程返里，以宣達政府德意，並誓死擁護政府，動員全南
疆民眾，務使老者及在宗教上有地位者均參加宣傳工
作，年青力壯者均幫助維持治安。關於塔城逃蘇難民，
蘇方前請我派員至伊爾克什坦木接收。余據劉特派員抄
轉甘次長電，據傅大使謂，蘇外部表示伊爾克什坦木交
通工具缺乏，請我方派車輛至蘇聯境內窩什接運云云。
當以阿克蘇、喀什一帶匪警頻傳，交通梗阻，無法派車
接運，請劉特派員電轉甘次長。

9月30日　星期日

　　阿克蘇趙漢奇團長電報，匪昨晚曾集中主力，並以
猛烈砲火掩護，由南門搭梯攻城，曾有十名登上城牆，
我軍與之肉搏，卒將其掃數擊斃，匪並數度派人爬近城
門放火，均未得逞。阿城保衛戰已進入最高峰，我軍

以五、六百名之眾當二千餘之匪，且後援無濟，糧彈日少，傷斃兵員更無法補充，匪則由伊犁源源增加。阿城命運危殆，可以想見。張文白兄電告總裁不在渝，週後可返，屆時再請召余回渝述職。余即復電申述西北應有範圍，當包括甘、寧、青、新四省，總裁前命張負西北總責，即應以此四省為管理對象，否則必致有運用不靈之苦。至重劃新疆省區，乃發動於阿山、烏蘇尚在，及南疆未亂之前，現在情勢言之，恐牽涉外交與軍事，短期似難實現。現文白即可前來西北，負甘、寧、青、新四省總責，並兼領新省主席（如文白不駐迪化，可派員代理），然後徐圖分省計劃。

10月1日　星期一

　　據報上月豔日由鄯善出發空軍、水利勘測總隊、財政廳等眷屬疏散車十二輛，行抵惠井子地方，突遭哈匪襲擊，當擊斃空軍總站排長一名、士兵二名，幸各機關眷屬尚無傷亡。又悉西鹽池駐軍叛變，排長被殺，駐七角井營長梁循初率兵前往偵查，行至惠井子，遇匪七、八十人，以機槍掃射，死十七人，梁營長無恙等語。查西鹽池、惠井子位鄯善、七角井間，沿途荒涼，但為東去哈密必經之道。當此剿匪時期，後方交通安全至為重要，過去迭傳匪警，余均促請軍事當局切實注意，增加防守。對於各機關眷屬疏散，余亦曾再三叮囑應以安全第一，今竟生不幸，令人痛心，尤以駐軍叛變，實為新疆前途憂。蓋近月以來，部份軍隊紀律欠整，生事擾民迭有所聞，宜速予以有效辦法，期達愛民保民、軍民一片之目的。

10月2日　星期二

　　上午舉行黨政聯席座談會第五次會議。余致詞，對疏散迪化老弱婦孺之用意加以解說，次就內外情勢之好轉詳為分析，並勉各同仁加強信心，嚴守崗位，以應付當前危局。下午往訪魯效祖於滿城寓所，談及盛晉庸。魯謂盛本滿旗人，自認漢族，學識較低，修養不夠，致為害新省不少。致文白兄一電，申論新事對策：第一對蘇外交，第二調整人事，第三加強軍事，三者缺一不可。倘中央仍抱拖延觀望，必致全疆淪陷，則對國家、對人民、對新疆之歷史將遺恨無窮，請其便中轉

報總裁。

10 月 3 日　星期三

　　蘇聯駐迪代總領事葉塞夫，今日向外交署劉特派員
談稱已奉莫斯科復電，伊犁匪方代表業經派定，候我方
指示來迪途徑後，即首途來迪。劉當即與余商談，余認
為此係地方事件性質，最好即由地方決定，以免徒稽時
日，朱長官亦同意，爰囑劉特派員答復蘇領。

10 月 4 日　星期四

　　上午劉特派員往蘇領館，答復匪方代表到迪途徑及
應注意事項，甚為圓滿。余即將洽談情形電告文白，促
其速飛迪化進行談判。我向英吉沙南衣格子牙攻擊之騎
二團，西東續獲大勝。匪三百五十餘已被擊潰，斃蘇指
揮官一員，俘蘇匪再尼丁等十二名，並斃匪百餘、馬百
餘，獲高射砲二門、迫擊砲一門、輕重機槍四把、步槍
百餘支、砲彈三箱、馬廿餘匹。我僅陣亡士兵三名，傷
十餘名，士氣大振，英吉沙又復轉危為安矣。

10 月 5 日　星期五

　　上午九時召開省府第一〇九次委員會議，通過限期
成立迪化、焉耆、哈密、阿克蘇、莎車、疏附、和闐等
七縣縣參議會。又以各縣草場原為牲畜養育之處，並非
出糧之地，牲畜納稅、草原徵糧，似嫌稅收過重，特決
議將草場額糧一律豁免。此次烏蘇被匪攻陷後，駐紮該
縣之某方少將指揮波里諾夫迫令烏蘇回族中坊寺阿洪馬

有才致書與迪化回教大阿洪馬良駿，並派回民馬萬來、古福忠攜信前來，行抵昌吉縣被執，本月三日解迪。審悉攻烏蘇之匪，有蘇聯正式軍隊三千餘，指揮進攻者即波里諾夫，現獨山子駐匪千餘，亦多係蘇人。馬萬來等所持匪方通行證，係由波里諾夫親自簽署。據云波為蘇聯現役軍人，此實為蘇聯支持匪偽之有力證據。

10月6日　星期六

據報喀什各地匪徒除少數民眾被迫附匪外，餘均某方派來烏、柯等族。據所獲某籍俘虜供稱：由某方入新之匪，多係參加對德戰事之游擊隊員。余默察當前環境，無論談判結果如何，軍政人事之一元化則為不易之圖，爰電文白兄代呈總裁，或儘先更換主席，其他廳委則可從長計議，再行遴派。

10月7日　星期日

本省保送中央政治學校、中央測量學校及國立邊疆學校學生四十餘人，定日內赴渝。今午許廳長偕渠等來謁，余款以午餐，渠等多係歸化及華僑學生，此次選送大批學生赴內地求學，實為首例。阿克蘇被圍月餘，我軍趙漢奇團長孤軍困守，處境至為艱苦。頃據趙報稱我軍於六晨兩路向匪襲擊，激戰四小時，肉搏數次，匪不支，向溫宿逃竄。計斃匪百餘人，內有穿黃呢制服蘇籍指揮官三人，查其肩章係校官級。午時我乘勝追擊，再克溫宿城。

10 月 8 日　星期一

接見騎五軍參謀長郭全樑、軍需處長張鳳麟、軍械處長馬希哲、副官處長馬福祿、參謀處長巨生元、軍醫處長高步瀛、獸醫處長馬海清等七人。渠等日昨循北路騎馬來迪，該軍軍部現已全部遷駐老滿城。

10 月 9 日　星期二

焉耆左專員電報，此次察汗烏蘇我軍大捷，共殲匪二百餘，內有外籍匪首二人。民眾自動捐款赴前線勞軍，和靖縣長爾德尼此次協助前方軍運最力，於極端困難中，三日間趕運給養一月，至堪嘉許。

10 月 10 日　星期三

甫慶抗戰勝利，又欣逢卅四年國慶，全國各地今日必狂歡異常，獨新疆一隅苦於雈苻。放眼大局，盱衡新事，不禁萬感交集。洄溯余去年此日就職之初，即以天理、國法、人情為職志，一年以來戒慎將事，實事求是，釋放牢囚，以解恐怖，撫輯流亡，以遏亂萌，減免捐稅，維持幣信，無非當務之急。至保障信教自由，促進宗族平等，召開省參議會，推行地方自治，起用各族人才，勤求民隱，無一不深洽輿情。第某方謀我日亟，匪氛整年未已，環境如此，殊有心勞力瘁之感。上午九時在西大樓舉行慶祝大會，余主持並致詞，首述國父倡導國民革命之目的，與我人今日所負之任務。次就本省工作加以檢討，並提出講求效率、愛惜物力、負責盡職三點，勗勉同仁。外交署為慶祝國慶，於下午一時在該

署茶會招待駐迪蘇、美、英領事暨領館高級職員，余亦
往參加。會中蘇葉代領事面告，伊犁代表約十二日上午
十時可達綏來前線。

10月11日　星期四

接文白兄酉灰電告，十一日因須送毛澤東返延安，
擬於十二日方能由延飛漢中轉蘭，十三日可抵迪。月來
南疆多線我軍均獲勝利，全般形勢已轉危為安。際此匪
我談判前夕，軍事上有此差強人意之表現，對談判前途
誠不無小補。從各次勝利中，亦可知南疆民心之傾心政
府，與駐軍之非不可戰也。

10月12日　星期五

伊犁匪方代表拉合木江沙比爾哈吉牙夫（塔蘭其
族）、阿合買提哈生木夫（塔蘭其族）、阿不拉海依爾
哈吐烈（哈族）等三人，於今日下午六時四十分抵迪，
住特別招待處。我方派廣委員祿、華副廳長聲慕、外交
署樓科長等進前歡迎。代表等自稱係「大土耳其斯坦回
教人民共和國」派中華民國全權代表。七時另五分即乘
汽車至蘇領館談話，歷四十分鐘辭返。午後一時宴請騎
五軍最近到迪各高級官員。

10月13日　星期六

文白兄原定今日飛迪，今接其由重慶來電，以到延
安後又曾奉召返渝，故明日始可來新。

10 月 14 日　星期日

文白兄一行昨午飛蘭，今日由蘭飛迪，余於下午二時半至機場歡迎，同來者有梁寒操、彭昭賢、張靜愚、屈武、王曾善、鄧文儀等十五人。文白兄下榻新大樓，稍憩後即與迪化各有關負責人會談。余表示目前北疆雖有四個步兵師、三個騎兵師，或以兵額短少，無法補充，或以武器窳陋，作戰能力薄弱，故人事與配備均亟須調整。至外交方面，應先得蘇方諒解，蓋新疆外交關鍵在蘇，眾亦同意。會後余便餐招待全體談話人員，並預祝一民兄明日壽辰，朱戴醉先返。

10 月 15 日　星期一

上午張文白兄約蘇領葉塞夫來新大樓談話，請其轉約伊犁代表見面。據悉伊犁代表來迪後，自稱係「東土耳其共和國」代表，應於中央政府代表處於同等地位，否則不允晤談，並即返伊犁云。南疆拜城之匪，西元經我軍進剿，不支潰退，當當將之克復，南疆公路阻塞月餘，至此復通矣。

10 月 16 日　星期二

關於伊犁代表堅決要求以同等地位談判事，今文白兄囑劉特派員將我方意見告知蘇領，請其轉達，並請蘇領協助解決事變。據劉今晚得蘇領電話，謂已將我方意見轉達。又據報稱伊犁代表等自今日午後由蘇領館回招待處後，態度已趨和緩。

10月17日　星期三

　　伊犁代表今日十時由劉特派員陪同來新大樓與文白兄見面。文白兄表示中央為明瞭與解除新民痛苦起見，故派其來新聽取代表申述痛苦，並尋求解決辦法。文白復詢代表，對於解決事變之意見及條件，代表等當以請文白發表中央意見及條件為復。談話歷一小時半，未得結果。麥斯武德、艾沙、穆罕默德伊敏三氏奉文白兄邀請，於午後由蘭飛抵迪。余對三氏來新並不贊成，蓋其思想不變，於新局實有害無助。晚間召集省府各廳委、處長舉行座談會，余說明與匪方代表談判，我人應持之態度。余謂：「當余今夏在渝出席六全大會時，曾面向總裁請示，倘新疆要求獨立自治，將如何辦理。總裁答以不可承認其獨立自治，縱使事變不能解決，即任其拖延亦所不惜。余並曾向宋院長說明不能聽任新疆獨立之原因，因承認新疆獨立，其他各省亦紛起效尤，中央將無法應付。故余已向文白兄表示，應在不違背法令與省制之原則下解決事變。」與會各人對余意見均一致贊同。余又謂：「此次談判，中央雖派張部長前來辦理，但此問題固為本省問題，故我人應正視現實，不可徒存觀望，應隨時縝密研究，並提供意見，協助完成此一任務。」

10月18日　星期四

　　上午余與朱長官、張部長、郭副長官，及隨張部長來迪人員會談，關於匪方表示先請張部長提出解決事變方案一點有所商討。當由張本取消偽組織、改編匪軍、

民選匪區縣長等要點，草成方案數則，由劉特派員譯成俄文，先送達蘇領館。據報烏蘇獨山子油礦被匪佔領後，近已由蘇聯派人前來提煉，每日可出油五千加侖。除供匪之前方需用外，餘均運往塔城、阿山存儲。

10 月 19 日　星期五

上午九時召開省府委員會議，鄧廳長報告恢復國民大會代表選舉事務所，及籌組新疆省地方自治協助委員會等工作情形。下午赴軍分校校園拜訪麥斯武德等，長談一小時。余表示希望麥等能在迪久留，俾對省政之推進多多幫忙與協助。下午五時劉特派員攜中央解決新疆局部事變提示案一份，前往特別招待處送交伊犁代表。據代表等表示，此次來迪係代表「東土耳其斯坦」，今中央以暴民代表視之，與原意不合，渠等不敢負此全責，擬即返伊請示後，再來迪商談。

10 月 20 日　星期六

上午十一時，張部長在新大樓第二度與伊犁代表談話，詢以對中央解決新疆局部事變提示案十二項之意見。拉合木江謂：「我們的意見是要求獨立」。張即令其解釋獨立之內容，答以「不願脫離中國版圖，外交、軍事聽從中央，至地方行政、教育等等則由地方處理」，並表示擬即將提示案帶回伊犁，與彼政府及民眾等研究後，再作決定。

10 月 21 日　星期日

上午張部長與蘇領談話，蘇領告以代表定明日啟程離迪，仍循原路返伊，約旬日後可再來迪，張已決定在迪等候。晚間張於新大樓為代表餞行。

10 月 22 日　星期一

與張部長閒談新省人事及分省問題，關於重劃新疆省區，自余向總裁建議後，已引起中央人士之熱烈研討。有以新省經濟條件不足，而主張劃分兩省者，亦有主張分山南、山北、阿山三省者。據云總裁指示最少應分四省，與余建議相近，惟總裁意見崑崙省應改為和闐省，省治即設和闐，蓋和闐離邊境較遠，可減少外來威脅。余告張部長分省之時機，應俟事變完全解決後為宜。

10 月 23 日　星期二

社會處長顧耕野因妻臥病蘭州，請給假探視，余准所請，並派省黨部委員廣祿暫行兼代。又省委張宣澤自兼迪化市政委員會主任委員以來，頗著勞績，近迭請辭去兼職，經商得朱長官同意，准其所請，蓋朱為張之岳丈也。遺職派金紹先代理。關於發還盛前主席沒收人民財產一案，經電呈總裁請示，茲奉電復已飭軍法總監部會同司法行政部辦理。

10 月 24 日　星期三

據前線來人報稱：烏蘇淪陷後，一部民眾不及撤

退，其中不乏曾到省城者。當匪軍到烏後，詢及迪化及
省府年來施政情形，咸認現政府既極力為人民謀幸福，
何必再以兵戎相見，似有懊喪之意。

10 月 25 日　星期四

南疆公路工程處處長劉良湛來謁，報告南疆公路施
工情形。渠近奉中央命令，今冬完成路工，日內將赴婼
羌一帶督導工作。

10 月 26 日　星期五

兩、三日來陰霾滿佈，天候驟冷。今午突降大雪，
花花遍野，皚皚一色，想南國此日正值秋高氣爽，塞外
早寒，已屆隆冬矣。喀什駐軍張師長希良與尹洪芳意見
不合，尹有勾結疏附縣長沈立中、徵收處主任周智遠
等人密謀倒張之說。長官部據報後，除將尹洪芳先行停
職，調省聽候法辦外，並電慰張師長安心服務，勿受
挑撥離間。以加強軍政調協，余亦將該沈立中、周智
遠免職。

10 月 27 日　星期六

新省駐軍因番號複雜、駐地分散，致督飭難周，迭
據各方報告，各地駐軍風紀欠佳，時有擾害人民之事，
總裁對此亦極為關懷，常加垂問。張部長近與余及朱長
官商談及此，僉認應即時嚴加整飭，爰決定代表總裁，
由軍委會、長官部、省政府、省黨部、省參議會等機關
各派代表，組織臨時軍風紀考察團，以鄧文儀為團長，

日內由迪出發，先視察綏來、奇台等地，再轉赴吐魯
番、焉耆。蒙藏政治訓練班同學在新工作者十餘人，大
都尚能勤慎奉公，但其中仍有一、二人未能盡如人意。
如哈密縣長蔡儒祖，每以軍需供應浩繁為詞，迭請辭
職，畏難苟安，殊非余所期許，近已准其辭職，遺缺派
二十九集團軍秘書陳守平接替。盧桂森繼邱璧山長奇台
後，好大喜功，不切實際，且御人乏術，各方迭有煩
言，近又被人控告貪汙，余已將其免職，並飭澈查，遺
職由王德淦接充，此外並任王忠烈為鄯善縣長。

10月28日　星期日

　　近據莫斯科電訊，史達林已離京赴黑海素溪港別墅
休養，外間盛傳史氏以年高體弱，頗有退休之意。與張
委員靜愚談話，張係山東人，謂自日投降後，共黨在山
東積極活動，並已由旅順、大連取得蘇方接濟。又另
據報告，此間蘇領館秘書近在該館某會議席上報告稱：
「近接莫斯科之指示，中國方面已發生內亂，我們絕對
支持中共，對新疆一切仍照原定計劃進行。」足證蘇方
對華政策絲毫未變，今日如無武力後盾，條文等同廢
紙，展望東北與西北前途，未許樂觀。與周委員彥龍談
及為學做人之道，余以數十年之經驗，深感一人失敗與
退步之原因有二：一為無進步，即學問知識不能跟時代
前進，一為有嗜好，即生活上之墮落習性。假使無進步
而無嗜好，也許還能維持現狀，倘既無進步而又人有嗜
好，必退步失敗無疑。余並勸其就平日做事讀書心得，
多作筆記，既可幫忙記憶，又可積累辦事經驗，實乃求

學修身不法二門。

10 月 29 日　星期一

　　上午接見王忠烈、王德淦，渠等即將各赴任所。余謂彼等應事接物應以不出風頭、實事求是、虛心謙讓為主，與各方相處，不但消極的力求避免磨擦、不介入地方漩渦，並應積極的排難解紛，調協地方關係。晚間張部長假西大樓宴請本市各機關首長，藉以慰勞本省工作同志一年來之辛勤，並慶祝總裁暖壽。

10 月 30 日　星期二

　　上午十時接見朝藏庫連堪布喇嘛切木切克，暨青海喇嘛魯宗多吉等。渠等擬去青海迎接朝藏呼圖克圖返焉，余除飭設法赴甘車輛外，並分函谷主席、馬主席，請予以照拂。午後聆羅代參謀長戢氛報告保安司令部半年來人事變動及業務推進情形。據云保部本身業務僅佔全部工作十分之一、二，大部精力均貫注於中央入新部隊之協助工作。晚七時假西大樓為總裁五九壽辰舉行慶祝晚會，出席千餘人，由余領導舉行簡單之祝壽儀式後，即開始遊藝，十一時始盡歡而散。

10 月 31 日　星期三

　　蘇駐迪葉代總領事定明日乘機赴阿拉木圖，聞勾留數日後即可返迪。自外間盛傳蘇聯國內有變後，此間中蘇航空公司總經理，及領館人員多人紛紛返國，葉領此行或可證明確係其國內有事，否則渠即係去伊犁與匪

偽商洽。蓋自匪偽代表攜返中央對新局部事變解決方案
後，迄今尚無來迪消息，匪方事事均仰蘇人鼻息，葉領
或即為此事而往。兩湖旅新人士劉文龍等呈請恢復左文
襄公祠祀，以崇先賢，而勵後人。余以崇德報功乃國之
重典，爰准其所請，並交社會處查明發還前任沒收左公
祠之祀產，以利進行。

11 月 1 日　星期四

下午四時麥斯武德、艾沙、伊敏三人聯袂來訪，談話歷二小時半。余歷述一年來省政措施，復談及發還前任沒收人民財產事，余告以茲事體大，應全部統籌辦理，並將此案辦理經過詳情一一告之。余並謂堯樂博士曾迭請發還其財產，余以中央具體辦法尚未決定，未便單獨提前辦理。因堯在中央任職，倘提前發還，地方人士以此為口實，則余將無以對矣。

11 月 2 日　星期五

上午召開省府委員會議，通過縣參議員選舉監督事務所經費預算。中午以涮羊肉招待朱長官、郭副長官及張部長。朱告余，渠接軍令部電，囑其去渝參加本月九日之軍事會議。朱預定五日飛康，休息二日再轉飛重慶。

11 月 3 日　星期六

余為推行本省地方自治，加速完成訓政工作起見，前曾通令凡本省專員公署所在地各縣各級民意機構，統限本年十月底以前完成，其他各縣參議會亦應於明年內普遍成立。茲據報稱，除伊寧、塔城、承化三縣因受匪患暫緩成立外，其餘專員所在地各縣，如焉耆、哈密、阿克蘇、疏附、莎車、和闐等縣，均已如期一律依照法定程序建立完成。迪化縣參議會亦於上月三十日舉行首屆一次大會，會期三日，已於日昨圓滿閉幕。余今午特假新大樓宴請該縣全體參議員，以示慰勞。

11月4日　星期日

　　蘭州蔡市長孟堅今日上午飛抵迪化，哈密楊軍長德亮搭機同來，均下榻東大樓，午後先後來訪。朱長官明晨飛渝，余為之餞行，約文白、寄嶠、希濂、鐵軍、澤榮、龔副司令穎澄及小魯、宣澤等作陪。余以舊存玉如意一■贈之，祝其百事如意，小魯以詩記之，詩曰：「論政籌兵契兩賢，百年事業重綏邊，舊遊兩話巴山夜，新釀春回縈塞天，許國同心金可斷，此身如意玉彌堅，佇看十度重來客，添得清詩■錦韉。」蓋一民先後來新五次，往來天山已歷九次，此詩結語仍期望其重來也。今日余與朱長官商定處理西北之方案兩則，由朱赴渝建議總裁，並已告知張部長，余與朱長官同認西北軍政必須一元化，在此原則下決定：

方案（一）以文白為西北行營主任兼新疆主席，行營設蘭州，迪化設辦事處，張可視事實需要而分駐兩地。

方案（二）一民仍長八戰區，以寄嶠駐迪指揮軍事並兼新省主席。

除此兩項方案外，如中央仍欲余繼續主新，則可請發表寄嶠為新省府委員而暫代主席，俾余乘暇前往中央報告一切。一民認為目前中央對西北應予澈底檢討，因余明瞭西北政治情形，故即不改組省府，朱亦望余赴渝一行，共商西北根本大計。並且值此中央與伊犁匪方正式進行談判時期，余繼朱而離此，亦可謂一種誠意表示，其於談判或有裨益。據余觀察整個西北（抱括陝、甘、寧、青、新及延安、內蒙）如需用兵，則一民當回西北

主持，如以和平方式求取解決，則留文白在西北較為合式。余與一民均認為文白在抗戰八年中奔走各地，辛勤卓著，去年軍政部改組，張之呼聲甚高，結果屬於陳誠，今夏中蘇莫斯科談判，總裁原屬意於張，隨赴莫斯科，旋易熊式輝，此次接收東北，總裁已決定由張辦理，最後又屬熊式輝。今日中央為酬答文白，將西北交其總管，固亦宜也。至余本人，無論如何離開新疆，已屬當然，余爰再親筆上函總裁，請另簡賢能，早息仔肩。原函請一民面陳，其文如下：

總裁鈞鑒：

　　新疆軍政必須一元化，省政府必須改組，方可針對環境，應付裕如。信無意再留此間，亦無再留必要，務請另簡賢能。此乃為新疆全局著想，並非規避責任，統希亮察為荷。餘情請一民兄代陳，敬請

鈞安

　　　　　　　　　　　　　　忠信敬呈　十一月四日

11 月 5 日　星期一

　　晨七時一民乘機啟行，余送至機場。一民係去年八月卅日抵新，奉命兼代省主席職，至十月四日余抵新始交代。在余蒞任之初，保安司令部事余未允接，該部係因新疆邊防督辦公署裁撤後始成立者，在此剿匪時期，一切軍需供應均由保部承辦，故仍由一民兼管為宜。一民堅謂此職為省主席當然兼任之事，不便代庖，余始允接收。好在參謀長為於平遠兄，偕一民同機蒞新者，一切事務由其就近秉承辦理，俾利事機。余並諄

諄以「安定地方、協助軍事」八字切告省府同人，
盡省府力所能及，無論人力、物力、財力無不悉予協
助，故一年來軍政間感情融洽，毫無隔閡，人亦無閒言
者。一民智力過人，予嘗稱其為參謀長人才，如在總裁
帷幕擘劃運籌，建樹當不止此。頻年以來，坐鎮西北，
安定邊陲，解決新疆問題，煞費苦心。惟自主持新省軍
事以來，始終以暫時作客性質加以指揮，未有整個作戰
計劃，亦未組織行轅，參謀人才太少，兵力雖不太多，
而運用殊欠靈活，交通工具雖少，而調動復不緊張。參
謀處長王為天格局太小，既未見過大場面，措置上自難
裕如。運輸司令為班淦，不識大體，委卸責任，供應不
給，損失車輛不少，對軍事失利之影響極大。再加以將
驕兵悍，系統不同，指揮至感困難，不能層層節制。平
時積習太深，軍紀風紀蕩然無存，兵既不能衛民，而實
足以擾民，民怨沸騰，其何能得民之助。一民御下寬
厚，固其美德，而賞罰不立，緊要關頭復不毅然處置，
是其病也。予對其此次之行，不無悵悒，期其再來重整
旗鼓，挽救危局，固不獨予之私願也。

11月6日　星期二

上午馬軍長呈祥過訪，渠近曾赴東、西兩路巡視該
軍駐防情形。該軍入新部隊，連同今日車運抵迪之特務
團，共計七團，均係騎兵。其佈防情形計迪化兩團，昌
吉、阜康、孚遠、奇台各一團，南路方面達坂城、托
克遜各一團。此外新調青海砲兵一團亦已到達酒泉，半
月後即可抵新。迪化外圍兵力配備已差強人意，縱使此

次談判破裂,而迪化亦不致如兩月前之岌岌可危矣。晚
與文白、寄嶠、郁文等談論新省財政及分省問題。郁文
對新省軍政各費數目之龐大,及籌措困難情形談述甚
詳。分省問題,文白認為新省經濟條件太差,以暫分
兩省為宜。

11 月 7 日　星期三

今日為蘇聯二十八週年國慶紀念日,上午十時余偕
劉特派員前往蘇領館道賀,余因不喜飲酒,故先去早
回。前據報迪化西郊地窩堡之中蘇機場裝有電話機一
部,該場蘇人以之經常竊聽迪化與綏來間之通話,以刺
探我方軍情,當飭警務處嚴密調查去復,茲據復稱確
有竊聽情事。余以此事關係重大,已送請長官行轅密
切注意。

11 月 8 日　星期四

警務處報稱蘇領館近曾召集全體館員開會,由該館
秘書主席,當曾宣稱:「我國政府業由外長莫洛托夫負
責,一切措施將有所變更,目前我人要求大家者,即自
今日起加緊努力,務使新疆之歸化族完全加入蘇籍,俾
重返祖國。」另據報稱蘇領館近購買大量米麵,分發加
入蘇籍之歸化人,藉以籠絡。

11 月 9 日　星期五

上午召開省府委員會第一一二次常務會議。警務處
羈押之案犯中,尚有案情較輕、無關緊要者,亟應酌量

情形，寬予開釋。爰飭該處對於斯種案犯重新審詢，計有無害地方治安之案犯數十人，均飭警處准予保釋。

11月10日　星期六

午後接見哈密回部雙親王伯錫爾，渠謂在楊增新、金樹仁時代，一般人見不到主席，在盛世才時代，不敢見主席。並謂民十九，其祖父逝世，金樹仁擬乘機實行改土歸流，爰調其父聶諾爾親王來迪居住。此次改土歸流，即為哈密變亂之遠因。

11月11日　星期日

余重劃新疆省區建議一案，最高當局已交內政部核議。今接纉薾來電，內政部意見擬劃為三省，以甘肅、酒泉等縣，合新疆、吐魯番等縣劃為安西省，張部長屬生並表示力促其成。公路局陸局長振軒呈報本省現有汽車總數，及其運輸能力與改善辦法。本省現有車輛總數約六百餘輛，且大部係舊車，改善之方為：

（一）修築正式公路，以增行車速度，並減少油胎配件之耗損，復因周轉加強，不必增加大量汽車。

（二）改善油胎配件之供應，使車輛毋庸停修待件，而虛靡時日。

（三）增設保養場及有經驗之技術人員，使車輛不中途拋錨。

（四）改善裝卸及辦理業務手續，不使車輛作不需之停留。

本省物資缺乏，一切軍需民用多仰給內地，而幅員遼

闊，南北相距即以于闐至阿山計算，亦達三千四百餘公里，約等於廣州經粵漢、平漢、北寧等鐵路而達瀋陽之里程，東西由猩猩峽至伊犁亦有一千四百餘公里，約等于由上海經南京、徐州而達西安之里程。以此區區之車輛運輸力，供應此廣大之區域，自難免不捉襟見肘，應付艱難。欲予改善，亦非本省財力、物力、人力所能負擔，惟有請求中央設法改善。

11 月 12 日　星期一

上午九時舉行擴大紀念週及國父八十誕辰紀念大會，余領導行禮後，由張部長文白兄演講。午後接見喀什騎兵第十二師副師長尹洪芳，據告南疆各地軍民協和、社會安謐。英吉沙被攻之日，該城人民表示「我等只須有一襲大衣禦寒，其他一切均可貢獻政府。」

11 月 13 日　星期二

伊犁代表拉合木江等三人，今日由伊乘中蘇公司民航機抵迪，仍下榻特別招待處。

11 月 14 日　星期三

張部長文白兄上午約蘇聯葉代總領事談話，下午五時接見伊犁三代表，歷三小時。代表等退後，余與張部長歡談至午夜，溯民十六，余與張初次相識，十八年來感情與日俱增，在京、在渝時相往返，張對余尊崇備至，關照良夥，輒深感激。頃張兩度飛迪商談解決伊寧事變，兩人同住新大樓，晤談機會甚多，尤以此番二次

來新，滯留時間較久，尤多暢敘。張對人熱誠，處事心
細，所慮體質較弱，願加注意耳。

11月15日　星期四

　　午後麥斯武德、伊敏、艾沙聯袂過訪，暢談兩小
時。余曰：中央治理新疆，耗資纍萬，新疆軍政建設各
費，設無中央擔負與補助，全由省民負擔，以全省四百
萬人口，其可能耶！余又申述新政之道：政治之基本係
人民生活與生存，是政治之首要在經濟，如經濟問題，
亦即衣食問題不得解決，其他徒屬空論。至所謂自治，
亦非一蹴可幾，必須經過相當步驟，並具有必備條件，
否則僅持虛名，於事實無補。我中樞實行全國民主，乃
必然趨勢，對新疆之扶植其自治，事屬當為。本人主新
以來，分發地方各族優秀擔任縣長、副縣長，為數其
多，秋間召開省參議會，復計劃於明年內普遍成立各縣
參議會，凡此種種，要皆以實施省自治為最後目的。余
嘗向民眾明白表示中央如何對待內地各省，亦必如何
對待新疆，不分軒輊也。余末以病人為喻：新疆如同
久病大痛之後，唯一需要為休養，若大肉大魚滋補，
尚非其時。

11月16日　星期五

　　今日為伊斯蘭教庫爾班節，各機關放假一日，伊斯
蘭教公務員循例休息三天，各宗族同胞忙籌節禮，熙熙
攘攘，至為愉快。余對留迪之伊斯蘭教各族首領分贈生
羊，以示慶祝，並於上午親赴南關大寺與陝西大寺致

賀。猶憶去年此節，甫值伊犁事變發生不久，省垣附近匪徒滋擾，風聲鶴唳，人民惶惶不可終日。乃今事隔一年，塔城、阿山、烏蘇相繼淪陷，而迪化反呈一片昇平氣象，其故無他，民心向我耳。

11 月 17 日　星期六

午宴焉耆區蒙文會主委桑格吉喇嘛克木其柯、莫魯木，烏蘇喇嘛曲屯、丁曾。晚與張部長聯名宴請麥斯武德、伊敏、艾沙等，以為庫爾班節慶賀之意。

11 月 18 日　星期日

閱建設廳視察蕭華及民政廳視察左應璠書面報告二份。左滯留阿克蘇時，正值阿克蘇圍城之戰，敘述阿克蘇卻敵經過實情，令人鼓舞。

11 月 19 日　星期一

上午十時驅車赴老滿城騎五軍軍部訪晤馬呈祥軍長，談約一小時。別時余囑馬軍長謹慎警衛，出行多帶侍從，以備不虞。蓋馬目前地位重要，不可疏忽也。

11 月 20 日　星期二

下午約崔果政談話。渠謂：蘇聯共產主義之價值為應付現狀猶可，但在人類生活意義與生存目的上言，似嫌不夠。共產主義僅尚物質，抹煞精神，觀夫今日原子能之可以替代物資，則共產主義學識將何以自圓其識耶？

11月21日　星期三

　　新疆當帕米爾高原之東，據傳為中華民族發祥之聖地，惟上古茫昧，無從考證。自漢而後二千餘年有歷史方可稽者，則天山南路為漢之西域卅六國地，皆屬居國，天山北路六國及烏孫、匈奴右部地，皆屬行國。隋唐之間，突厥、回紇、吐番等相繼另起。元建察哈台漢國，分封諸王代為君長。迨光緒八年，左宗棠平定回亂，十年始建行省，稱為新疆，面積遼闊，為我國行省之冠。境內人口雖稀，但以地接中亞、西藏、蒙古，互相間之經商遊牧，習俗相染，婚姻相通，於是新疆一省之宗族，遂為複雜，而為內地各省所無之現象，亦中華民國之奇觀也。盛世才執政時代，分新疆人口為十四宗族，漢族廿二萬二千人、滿族千餘人、蒙族五萬餘、回族九千餘、維族二百九十八萬八千餘、錫伯族萬餘、索倫族二千五百餘、哈族四十三萬八千餘、柯爾克孜族六萬五千餘、歸化族一萬九千餘、塔塔爾族五千餘、塔蘭其族七萬九千餘、塔吉克族八千餘、烏孜別克族萬餘人。

11月22日　星期四

　　上午九時約省府各廳委談話，討論事項：
（1）明年度概算應緊縮不必要開支，增列建設經費。
（2）保安司令部機構龐大，開支浩繁，擬請中央接收。
（3）新疆學院及女子學院擬予合併，另請中央設立國立新疆師範學院及國立新疆工業專科學校。
晚與寄嶠論及新省軍事。余謂：即使政治談判決裂，除

我發動攻勢外，在六個月以內不致發生戰爭。蓋匪方作
戰利于秋季，人有糧、馬有草，用能到處馳突。我方作
戰則宜在四、五月間，因糧草均係素所儲備，只須天暖
地乾，即可動作，不必待秋季也。現天氣既不利于匪，
而彼欲向我進犯，亦必須各路齊舉。茲分析言之：

（一）南疆匪既未能得手，亦不敢輕于窺伺，近以大
　　　雪封山，更欲動不得。

（二）北沙窩一帶，匪雖可借雪水為飲料，橫渡大
　　　漠，但為數有限，至多不過一、兩千人，無濟
　　　于事。

（三）綏、呼正面現我大軍雲集，力量雄厚（布置于
　　　大迪化周圍之各據點中，即騎兵一項已有十個
　　　團之多），匪當更不敢嘗試，故可判斷在六個
　　　月內無戰事。

寄嶠深以為然。惟南疆現時僅有一個步兵師與兩個騎兵
師，兵力略嫌不足，似宜趁此冬令，及時增強，並派重
要將領前往佈置，以備不虞。哈密至酒泉一線，為新疆
軍事後方要點，該段實力亦感單薄，倘能一併予以充
實，則新疆軍事前後方共臻鞏固矣。

11 月 23 日　星期五

　　麥斯武德、艾沙、伊敏三人去年中旬來京後，竟多
方煽動奔走，號召各族青年，要求高度自治，並先後在
軍校住所開會三次，復在南關各寺坊間民眾宣傳，慫恿
抵抗政府，詆毀中央。因之一部份維族青年心理動搖，
聯絡在迪蘇方，予以精神、物質援助，企圖奪取政權。

查麥等多年來深蒙中央優禮，此次回新，本人亦曲盡照
料之責，而反鼓動造事，為匪張目，引出許多麻煩，實
深痛心。

11月24日　星期六

本月初旬朱長官赴渝開會，余託其轉呈總裁一函，
請准辭去主席職，不知結果如何。頃悉朱已返蘭，將暫
住，余即去電詢問。

11月25日　星期日

當此伊犁代表與張部長談判期間，蘇聯駐迪、駐喀
領館陰謀工作未嘗稍弛。喀什蘇領有命令拿貨出售時，
如有人妨礙，故意將自身弄傷，藉以引起交涉。迪化蘇
副領事烏立馬索夫近指示維族青年秘密聯合，援助武
器，並發給大量活動費，俟機暴動。余嘗謂：新疆問題
癥結不在新疆，而在蘇聯與中央，其意為新疆問題非新
疆內部問題或所謂民族問題，而係蘇聯鼓動主持及留居
中央之新疆人士的不明大理所造成。蘇聯對新疆種種，
乃其一貫政策，姑且不言麥斯武德等人，論其學問聲
望，原不足道，而狹義民族觀念極深，惜乎中央少數人
士趨之、鶩之、捧之、拍之，益張其驕矜心理與非非
之想。故有人評麥等為「從前用新疆的招牌欺騙中央，
現在用中央的招牌欺騙新疆」，目的在沽名釣魚，從
中取利。

11 月 26 日　星期一

供應局劉局長雲瀚前赴南疆視察各地供應站，今日
返省。午後據談稱南疆各地安謐，民心安心，人民對政
府信仰彌堅。在歷次剿匪戰役中，民眾協助駐軍，合力
禦侮，頗著表績。午時起大雪，至晚積雪盈尺。新省婦
運會舉行晚會歡迎張部長等，余與張同往，九時半散。

11 月 27 日　星期二

伊犁匪方代表拉合木江等三人於本月十三日二次抵
迪，談判解決事變，已歷兩週。今晨乘中蘇機飛伊報
告，並約定短期重來，俾作最後協定。猶憶上月中旬伊
犁代表第一次來迪談判，余即向張部長提供意見兩點：
一須多與蘇領來往，諸事均先與商討，徵取意見，俾盡
其協助調停之責；二在不違背省制原則下進行談判。

11 月 28 日　星期三

保安司令部高級參謀羅戡氛今春宣慰南疆，卓著勞
績，旋派代保部參謀長，半載以來，緊縮組織，調整人
事，尤為辛勤。然以過去被押日久，健康受損，請辭
參謀長責任，甚為懇切。經商得寄嶠同意，派巫建章
暫代。

11 月 29 日　星期四

據自綏來匪軍前線逃回之回族青年穆光炳報稱：蘇
方曾以遊擊隊一師助匪攻精、烏，惟今已全部調返國。
蘇方並將歷次補充匪眾之槍砲武器，凡易識別得自蘇聯

者，正在陸續收回，為絕助匪證據耳。現匪方在綏來前
線實力有限，迨悉青海騎兵西開，匪眾心理不安。前線
之匪，日間睡眠，夜則掘壕構築工事，冬服至本月初旬
猶未發下，雪夜露天，不勝寒冷云。

11 月 30 日　星期五

上午舉行省府委員會議，對於民廳擬具本省各縣參
議會成立辦法三項，決議：設治局除外，其餘各縣統限
卅五年三月成立臨時參議會，卅五年三月底以前一律成
立正式參議會。

12 月 1 日　星期六

上午接見新委庫車、拜城、庫爾勒三縣黨部書記長吐魯幹等，吐係哈族。余勉各人此行以培養人民自治能力為要著，新省民智較為低下，自治基礎不足，實行自治之前，須有準備。行之又分程序，譬如登樓，樓梯為準備工具，梯層為登樓程序。現新省實行自治，準備工具之樓梯尚付闕如，急欲登人民於自治之樓，實不可能也。

12 月 2 日　星期日

與文白兄閒談，論及民主政治問題。余主張應即早實施民主，現在軍權高於一切，殊屬非是，安可以四萬萬四千萬之人口受制於五百萬之軍人，而令其喪失自由。文白兄謂：那有五百萬，不過三、五十軍官所操縱而已。由此以言，實施民主更為必要之事，中國前途亦唯有實施民主，始可獲得光明希望。

12 月 3 日　星期一

本午與文白兄詳談新省政局各事。余謂：新事如能和平解決，余因作風不同，續幹必致僨事，故須離去。如不能和平解決，則須準備戰爭，余係為調洽政治而來，非為守城而來，更須離去。至繼任人選，余在夏季時曾與兄（文白）談及，論公則希望你來，論私則不希望你來，但現在環顧國內，沒有比你再適當之人，只有在公私兩個觀點中作個折衷結論，就是希望你來做個過渡而已。

12月4日　星期二

余與文白兄排定在今、明、後三日分別招待在迪各族知名之士，以便介紹彼等與文白認識。今午第一次係招待歸化族，文白兄謂：蘇聯國勢日臻強盛，君等有意還返祖國否。答曰：欲返者已返，未返者不復返矣。並稱：留新生活雖較清苦，但精神上感覺舒服自由，目前唯一渴望，為求全省和平安定而已。

12月5日　星期三

晚間本市歸化族文化促進總會假西大樓舉行勞軍晚會，余與張文白兄同往。晚會開幕前，由該會主任委員索闊洛夫致詞，定邊安邦、遠戌塞外之將士戡亂殺敵之精神，令人可欽，吾等無以可表，謹略備遊藝，以作慰勞云云。

12月6日　星期四

接重慶偖子兄電告，渠奉院會旬日內候機赴京等語。山河再睹，慰甚羨甚，惟余須候伊犁代表再返與文白兄作最後談判，究竟何日得以離開，尚難逆料，亦唯有聽諸天命而已。

12月7日　星期五

目前新省金融問題亟待解決者甚多，就中尤以統一幣制、遏止通貨膨脹、加強金融機構為首要，余爰擬定辦法，呈請中央採擇施行。現在新疆軍事政治機構亟待改組，一切皆待與伊犁談判之結果。余即欲先文白兄

赴渝述職，決不能在此流連，迭與文白兄商討，渠感覺
管軍事者（指一民兄）業已離開，余如再走，恐人心動
搖。渠云：不管伊犁談判將來結果好壞，保證改組省
府，使我走開。余只得聽之。

12 月 8 日　星期六

號稱十小博士之一之周春暉，出獄後服職警務處。
近擬「匪患識略」稿，分上下兩編，結論對于軍事方面
主張今後如果新疆問題和平解決，必須參照過去滿清在
新駐軍之方式，貫澈了解本省之兵要地理，分割軍區，
或駐守，或屯區。而主要據點之兵力尤宜雄厚，使其能
隨時出援，並能保障其據點，其各主要據點之彼此聯絡
線，應不使其鬆懈。

12 月 9 日　星期日

據木壘河王縣長報稱：蘇方對阿山遊牧監視甚嚴，
木縣留阿山哈族多願向政府投順云云。

12 月 10 日　星期一

新省供應局劉局長雲瀚定明晨飛蘭轉渝述職。午後
向余辭行，並謂：抵渝後，將呈請辭職，另派人員接
替，短期當偕新任來迪辦理交代。

12 月 11 日　星期二

晨舉行省黨部委員會議，會後與馬委員良駿閒談。
渠謂：民間對主席尊敬備至，皆呼活菩薩。余曰：不

敢，惟主新以來，筆下未殺過人，口上未殺過人，心裡
未殺過人。馬曰：心不殺人，是為至上。

12月12日　星期三

報載長春消息，長春中蘇要員關於國軍空運及各
部接收問題之談話，現已圓滿告一段落，現留北平之
各省市接收人員將剋日來長云。可見東北局勢似以好
轉，東北、西北異地同情，蘇聯對新疆問題或有暫鬆
一步之望。

12月13日　星期四

得佶子兄電告，奉總裁電論，須老成持重之大員宣
慰內蒙各蒙旗。經佶兄呈復請特派余為宣慰專使，代表
總裁前往宣慰云云。惟余認為內蒙兩原範圍過狹，不如
改稱蒙旗宣慰特使為佳，然而無論為何，能有機會擺脫
此間，是至願也。夜雪，與文白、寄嶠兩兄作促膝談。
余論「民主」曰：「本黨革命奮鬥之對象，滿清時代為
專制君主，北伐前後為割據軍閥，抗戰時期日本侵略者
與漢奸，迄今抗戰勝利，此等對象均成過去。今後本黨
唯一武器，則唯實行民主政治，亦即實施民主為我最大
對象。如是，不特可博得全國上下之擁護，且能引起
國際之同情與協助。否則若舍『民主』而不用，國人
皆可訾為專制、軍閥、侵略者或漢奸，外邦亦必不我
重也。」余談話歷三小時，文白、寄嶠默坐諦聽，頗
為動容。

12 月 14 日　星期五

晨致佶子兄電，關於請派余宣慰內蒙事，以總裁現在北平，請逕電北平向總裁建議，俾期迅速。

12 月 15 日　星期六

英、美、蘇三國外長會議定今日在莫斯科開會，預料除商談管制日本問題外，將涉及伊朗與巴爾幹諸問題，各方對此會均寄以無窮希望。就整個國際情勢以觀，余預測：民主主義與共產主義之美蘇決不能妥洽，就是一時和平，最後仍必衝突。現在雙方均積極佈置外圍，爭取時間，倘一旦戰事發生，則中國首當其衝，而新疆、內蒙、東北尤將先蒙其害。目前蘇方勢力已侵入上項地區，既佔先著，我方甚受威脅，其對策：

（甲）國共兩黨合作，統一國家，建設國家，安撫人民，實行民主。並用種種方法使將來美蘇戰爭時，我能獲得誠意友好之中立，俾免介入第三次大戰。

（乙）一面政治運用，一面準備軍事，以阻止蘇方在新疆、內蒙、東北勢力之前進。現在東北、北平已設立行營，統一軍政，而西北（甘、寧、青、新）之統一軍政大員應速確定，尤以新疆軍事指揮機構及軍政一元化應立即實現。

12 月 16 日　星期日

省黨部會計室主任瞿爾熾與該室女職員陳國華結婚，余親往證婚，並致賀辭。

12月17日　星期一

今日與文白兄談話，余曰：兄已露頭角，殊堪欣幸，根據兩個月來之相處，深望兄在「藏」字上特別下工夫。關於余個人出處，退休在野是為上策，供職中央是為中策，服務地方是為下策。余復說明對蘇態度曰：抵新之始抱有希望，伊犁事變得表示失望，烏蘇被飛機轟炸則告絕望。

12月18日　星期二

舉世矚目之伊朗問題，激盪已久。其始，伊朗北部亞塞爾拜然省發生暴動，鼓吹自治，伊朗政府軍擬北開鎮壓，竟均被蘇聯駐軍阻止。近蘇聯當局突傳亞省自治政府組織成立，蘇聯此種鼓動獨立、割裂伊朗之行為，實與其對付新疆完全一樣。

12月19日　星期三

感冒未癒，鼻嚏難堪。午後力疾接見賓客，至感疲勞。

12月20日　星期四

感冒加重，咳嗽不止，且微有寒熱。經醫診治，云係感冒影響大氣管發炎，服藥後日內可愈。午後未離床，殊覺無聊。

12月21日　星期五

整日未起床，延醫服藥，寒熱已退，咳嗽亦稀，身

體較昨舒服多。晚寄嶠來視，坐我床邊聽我談話。余
謂：現在我國軍人，尤其高級將領，須速具備兩項條
件，一是國際知識，一是民主精神。余又暢論立業經驗
而曰：無論成何事業，時間兩字為最重要，亦即必須假
以時間，決非倖致。兄現年不過四十餘，若能留駐邊疆
較久時日，必可成名，甚而三、五載後即有大表現。惜
余年邁，力不殫矣，倘如兄之年，則繼續效力邊陲，亦
所願也。以今日邊疆在國防上之重要，事誠大有可為，
望兄好自為之。

12 月 22 日　星期六

大雪飛舞，陽光迷糊，四處一片銀琢世界，反耀
奪目。伊犁匪方代表無飛迪訊，余體力未全復，終日
未下樓。

12 月 23 日　星期日

中蘇機今午離迪飛阿拉木圖，回時將接伊犁代表來
迪。如無其他變化，伊犁代表可望明後日到達。晚與文
白、寄嶠兩兄談話，歷五小時。

12 月 24 日　星期一

據報本月十六日晚，澤普縣府及警局被匪包圍。匪
眾百餘名，配有輕機、手榴彈、擲彈槍等，我警方與保
安隊合力抵抗，匪不支而退。

12 月 25 日　星期二

伊犁匪方代表拉合木江等三人今日下午抵迪。據悉此次匪方態度又趨惡化，其帶來意見書之主要內容為，希望中央接受彼等之補充條件。是項補充條件第三項為在事變解決之一月內，將一九四五年因事變所開來之中央部隊完全撤回。第四項為事變結束後，全疆警察機構一律解散，至將來之警察應由當地之回教徒組成之。因此以觀，匪方無異欲使中央在新力量全部放棄，談判前途，困難正多。

12 月 26 日　星期三

蔣特派員經國午後五時專機抵迪，宿新大樓。渠此行係奉命赴蘇商談東北之經濟合作事宜，余望蔣特派員能相機將新疆事件向蘇方一提。

12 月 27 日　星期四

蔣特派員到迪之前，總裁曾有急電致余囑轉交。大意謂東北經濟合作問題具體條目，應在撤兵以後商議云云。蓋蘇聯當局只有利害，不顧信義，不可不慎。新疆問題完全為對蘇外交問題，其解決與否，只看蘇聯之一念。但新疆問題拖延下去，對蘇有利無礙，將與東北問題及中共問題等同時解決，似有可能，故目前蘇聯方面實無單獨解決新事之誠意。此點余與蔣特派員及張部長俱有同感。

12 月 28 日　星期五

蔣特派員上午九時離迪飛阿拉木圖，轉往莫斯科，計期卅日可抵莫京。臨行謂此去不過一週，下月六日左右東返將重臨迪化。蓋離渝時，總裁囑其須於下月十日前趕返重慶。

12 月 29 日　星期六

與警務處胡處長國振談話，胡對匪我和平談判表示悲觀，而謂：匪方對我拖延，我亦拖延我自已。余謂：目前要著為調整軍事機構，統一指揮，及派大員駐節南疆。

12 月 30 日　星期日

前日接奉總裁電，以麥斯武德等在迪開會活動，囑予注意，昨經復電遵辦。查此番麥等回新，挾其一貫之狹義民族觀念，開會宣傳，慫恿暴動。表面上雖未收成效，但內在之惡因已種，殊可慮也。

12 月 31 日　星期一

關於連日來張部長與伊犁匪方談話情形，其結果除民族部隊一項由代表等另電請示彼方政府外，所有之提案在原則上均已通過，惟條文內頗多修正。茲定卅五年元旦上午十時在新大樓雙方簽字，但是否能夠如願，尚難逆料。晚約張部長、麥斯武德等晚餐，藉共辭歲。

民國日記 54

吳忠信日記（1945）
The Diaries of Wu Chung-hsin, 1945

原　　著	吳忠信
主　　編	王文隆
總 編 輯	陳新林、呂芳上
執行編輯	李佳若
封面設計	陳新林
排　　版	溫心忻

出　　版　　開源書局出版有限公司

香港金鐘夏愨道 18 號海富中心
1 座 26 樓 06 室
TEL：+852-35860995

民國歷史文化學社 有限公司

10646 台北市大安區羅斯福路三段
37 號 7 樓之 1
TEL：+886-2-2369-6912
FAX：+886-2-2369-6990

http://www.rchcs.com.tw

初版一刷	2020 年 12 月 31 日
定　　價	新台幣 350 元
	港　幣　90 元
	美　元　13 元
I S B N	978-986-99750-9-4
印　　刷	長達印刷有限公司

台北市西園路二段 50 巷 4 弄 21 號
TEL：+886-2-2304-0488

國家圖書館出版品預行編目 (CIP) 資料

吳忠信日記 (1945) = The diaries of Wu Chung-
hsin, 1945/ 吳忠信原著；王文隆主編 . -- 初版 . --
臺北市：民國歷史文化學社有限公司 , 2020.12

　　面；　公分 . -- (民國日記；54)

ISBN 978-986-99750-9-4 (平裝)

1. 吳忠信　2. 傳記

782.887　　　　　　　　　　109020050